W0234122

Andrea von Treuenfeld

Israel

Momente seiner Biografie

GÜTERSDIE
LOHERVISION
VERLAGSEINER
HAUSNEUENWELT

Für Antonia

Über Israels Momente seiner Biografie zu schreiben, ist wie eine Reise durch das Land. Wiederkehrende Erinnerungen treffen auf frische Eindrücke, Altbekanntes auf Neuentdecktes – und die Auswahl des zu Erzählenden kann nur eine subjektive sein. Eine, die den Versuch unternimmt, das ebenso komplexe wie komplizierte Land begreiflich zu machen.

Natürlich ließe sich die Geschichte entlang nüchterner Fakten darstellen, angereichert durch gängige Stereotype wie Terror, Gewalt und Krise. Doch neben den Konflikten – Nahost-Kriege, Intifadas und Attentate –, die erwähnt werden müssen, sind Israels siebzig »Lebensjahre« geprägt durch eine extreme Vielschichtigkeit. Millionen Einwanderer wurden integriert, ehemalige Untergrundkämpfer mit dem Friedensnobelpreis ausgezeichnet und Mossad-Agenten durch spektakuläre Aktionen bekannt; verstorbene Zionisten, Israels einziger Astronaut und der Betreiber eines Piratensenders gelten noch heute als Nationalhelden; feministische Beterinnen erstritten sich ihren Platz an der Klagemauer, Rabbiner schlossen sich der Gay Pride Parade an und das Jerusalem-Syndrom wurde diagnostiziert; der sozialistische Kibbuz erlebte seine Hochphase, die jüdische Olympiade etablierte sich und regierungskritische Organisationen positionierten sich. Eine zur Normalität gewordene Vielfalt, die die israelische Gesellschaft auszeichnet – und die Geschichte ihrer Protagonisten erwähnenswert macht.

Einige der Politiker, Kämpfer und Künstler, auch manche der militärischen Entscheidungen, kulturellen Entwicklungen und engagierten Aktionen sind bekannt (keine andere Nation steht so intensiv im Fokus der internationalen Berichterstattung wie Israel), andere hingegen in Vergessenheit versunken. Das Land geprägt haben sie alle, wenn auch auf sehr unterschiedliche Weise.

Sie anlässlich des siebzigsten Geburtstags des Staats, am 14. Mai 2018, in Erinnerung zu rufen, ist die Absicht dieses Buches. In 140 Episoden, jeweils dem Jahr der Begebenheit zugeordnet, gibt es die Geschichte Israels wieder und zeigt die erstaunlichen Verknüpfungen der verschiedenen Ereignisse (die im Text mit einem * gekennzeichnet sind).

Die Schreibweise der Namen und Orte orientiert sich weitgehend an der englischen, da sie die gängige der aus dem Hebräischen übersetzen Worte ist. Ausnahmen bilden Begriffe, die Bestandteil des deutschen Wortschatzes geworden sind.

Andrea von Treuenfeld

1948 Staatsgründung
Unabhängigkeitskrieg
Israel Defense Forces (IDF)

1949 Parlamentswahl
Yom HaAtzma'ut
Zena
Operation Fliegender Teppich
Mossad

1950 Jerusalem-Gesetz
Rückkehr-Gesetz

1951 Kfar Sha'ul Mental Health Center
Operation Ezra und Nehemiah
Jewish Claims Conference (JCC)

1952 Luxemburger Abkommen
Chaim Weizmann

1953 Yad Vashem
Dan Hotel Tel Aviv

1954 Baron Edmond de Rothschild
Lavon-Affäre
Maskit

1955 Nordafrikanische Einwanderer

1956 Sinai-Krieg

1957 Israelisch-Deutsche Waffenverhandlungen

1958 Siegfried Lehmann

1959 Yom HaShoah

1960 New Yorker Gipfeltreffen
Theodor Herzl

1975 Hebräische Universität Jerusalem
Resolution 3379

1976 Operation Yonathan

1977 Sadat in Jerusalem

1978 Peace now
Israeli Krav Maga Association
Golda Meir

1979 Jewish Agency for Israel
Camp David I/Frieden mit Ägypten

1980 Magen David Adom
Joseph Trumpeldor

1981 Operation Opera
Moshe Dayan

1982 Erster Libanon-Krieg
Massaker von Sabra und Shatila

1983 Kinder- und Jugend-Aliyah
Sar El

1984 Moshe Feldenkrais
Äthiopische Einwanderer

1985 Österreichisches Hospiz
Operation Wooden Leg

1986 Entführung Mordechai Vanunu
Verschleppung Ron Arad

1987 Amcha
Erste Intifada

1988 March of the Living
Women of the Wall (WOW)

1989 B'Tselem
Sowjetische Juden

1990 Dov Hoz

1991 Golfkrieg

1992 Menachem Begin
Rudi Weissenstein

1993 Wolfgang Lotz
HaTachana HaMerkazit
Oslo I-Abkommen

1994 Massaker von Hebron
Frieden mit Jordanien
Friedensnobelpreis für Arafat, Peres, Rabin

1995 Gedenkstein für Opfer der Italiener
Oslo II-Abkommen
Yitzhak Rabin

1996 Wahl Benjamin Netanyahu
Max Brenner

1997 Exodus
Erster Zionistenkongress
HaTikvah

1998 Dana International
Tel Aviv Gay Pride Parade

1999 Chaim Arlosorov

2000 Camp David II
Zweite Intifada

2001 Dolphinarium-Attentat
Masada
Keren Kayemeth LeIsrael JNF-KKL

2002 Jenin
Sperranlage

Nach dem Zusammenbruch des Osmanischen Reiches wurde Großbritannien im April 1920 das Völkerbundmandat für Palästina übertragen. Zum Hochkommissar ernannte man Sir Herbert Samuel, der sich der drei Jahre zuvor unterschriebenen Balfour-Deklaration*, die eine »nationale Heimstätte für das jüdische Volk in Palästina« vorsah, verpflichtet fühlte.

Infolgedessen wanderte in den zwanziger Jahren eine große Zahl jüdischer Immigranten ein, gegen die sich arabische Bewohner, obwohl sie auch von den Landverkäufen profitierten, zunehmend zur Wehr setzten. Es kam zu heftigen Unruhen, von denen einige in Massakern endeten.

Um die Lage zu beruhigen, berief Großbritannien unter dem Vorsitz des Earl Peel eine Kommission ein, die im Juli 1937 erstmals die Teilung des Gebietes in einen jüdischen und einen arabischen Staat empfahl. Eine Entspannung der Situation brachte dieser Vorschlag nicht.

Während sich in Europa der Zweite Weltkrieg abzeichnete, beschloss die Regierung in London, um zumindest den Krisenherd in Palästina zu befrieden, das sogenannte Weißbuch. Es beschränkte die Einwanderung der Juden auf 75.000 in den folgenden fünf Jahren – was von diesen natürlich als Verrat betrachtet wurde und dazu führte, dass die Untergrundorganisation Haganah bis in die Nachkriegszeit illegale Einwanderungen organisierte. Dazu zählte auch der – misslungene – Versuch der Exodus*-Passagiere. Das Schiff mit 4.500 Überlebenden der Shoah war von den Briten im Sommer 1947 vor der Küste Palästinas gestoppt und nach Deutschland zurückgeschickt worden. Ein Akt, der die

Weltöffentlichkeit schockierte und sie letztendlich von der Notwendigkeit der Gründung eines eigenen jüdischen Staates überzeugte.

Bereits im Februar 1947 hatte Großbritannien beschlossen, sein Mandat an die Vereinten Nationen zu übergeben. Am 29. November desselben Jahres ließ die UN-Vollversammlung über den Antrag einer Teilung in einen jüdischen und einen arabischen Staat abstimmen. 33 Staaten votierten dafür, 13 dagegen, zehn enthielten sich der Stimme.

Am 14. Mai 1948 verließ der letzte britische Hochkommissar, Sir Alan Cunningham, das Mandatsgebiet.

STAATSGRÜNDUNG ✡

Am 14. Mai – oder nach dem jüdischen Kalender am 5. Iyar 5708 – proklamierte David Ben Gurion* den Staat Israel. Die Zeremonie fand statt am Rothschild Boulevard 16 in dem einstigen Wohnhaus des Bürgermeisters von Tel Aviv, Me'ir Dizengoff*. Der schlicht möblierte Raum mit

einfachen Holzstühlen für die geladenen Gäste und dem Porträt Theodor Herzls*, Begründer des Zionismus, ist bis heute unverändert geblieben.

Eine der wichtigsten Aussagen der dort verlesenen Unabhängigkeitserklärung lautete: »Der Staat Israel wird der jüdischen Einwanderung und der Sammlung der Juden im Exil offenstehen.« In der Folge immigrierten bis 1951 rund 690.000 Menschen aus 42 Ländern, darunter 300.000 aus arabischen. Damit verdoppelte sich die jüdische Bevölkerung innerhalb weniger Jahre und stellte die Regierung vor immense Versorgungs- und Wohnungsprobleme. Viele der Ankommenden wurden erst einmal in Barackenlagern oder Zeltstädten untergebracht oder lebten in einem sogenannten Lift (hebräisch: Sriv): ein Container, in dem zuvor Gepäck und Möbel der Einwanderer nach Palästina transportiert worden waren und in den man

Einst Wohnhaus des Me'ir Dizengoff, heute Independent Hall (2017)

nun Fenster und eine Tür schnitt. Andere bezogen Häuser vertriebener oder geflohener Araber.

Aber an diesem 14. Mai, an dem erstmals die weiße Fahne mit dem blauen Davidstern gehisst wurde, war von diesen Schwierigkeiten noch nichts zu spüren. Die jüdische Bevölkerung verfolgte an den Radiogeräten die Worte des Chefs der provisorischen Regierung und feierte – wie auch schon nach dem Teilungsbeschluss der Vereinten Nationen im November 1947 – mit frenetischem Jubel auf den Straßen des Landes: bedeuteten doch beide Ereignisse endlich die völkerrechtliche Absicherung ihres eigenen Staates.

Für die arabische Bevölkerung ging dieser Tag als Naqba (Katastrophe) in die Geschichte ein.

Unter dem Bild Theodor Herzls rief David Ben Gurion (Mitte) den Staat Israel aus – das erste eigene Land in der Geschichte der Juden (1948)   **17**

UNABHÄNGIGKEITSKRIEG

Nur wenige Stunden nach der Proklamation des Staates marschierten in der Nacht auf den 15. Mai die Armeen Ägyptens, Transjordaniens, Syriens, des Irak und des Libanon in Israel ein. Es war die dramatische Zuspitzung der vorangegangenen Angriffe, die seit des Beschlusses der UN-Teilungsresolution von lokalen arabischen Kämpfern geführt worden waren. Freiwillige der syrischen und ägyptischen Armee sowie Angehörige der Muslimbruderschaft und Anhänger des Großmuftis von Jerusalem* hatten sie dabei unterstützt.

Ihnen gegenüber hatten die jüdischen Untergrundorganisationen Haganah und Palmach gestanden, die anfangs noch defensiv ihre Siedlungen schützten, aber bald mit Gegenangriffen reagierten. Dazu zählte auch die am 5. April gestartete Operation Nachshon, deren Ergebnis die Befreiung der von Arabern blockierten Verbindungsstraße nach Jerusalem war, dessen 100.000 Bewohner bereits seit Wochen von der Außenwelt abgeschnitten waren. Während dieser Auseinandersetzungen richteten die paramilitärischen Organisationen Lechi und Irgun, kommandiert von dem späteren israelischen Friedensnobelpreisträger Menachem Begin*, unter den Zivilisten des arabischen Dorfes De'ir Yassin (heute Kfar Sha'ul) am 9. April ein Massaker mit mehr als hundert Toten an. Als Vergeltungsmaßnahme griffen vier Tage später, am 13. April, arabische Kämpfer auf dem Jerusalemer Skopusberg einen Konvoi des Hadassah-Krankenhauses an und töteten 77 Menschen, die meisten von ihnen Ärzte und Krankenschwestern.

Mit dem Einmarsch der arabischen Truppen begann der Unabhängigkeitskrieg, und Israel war nicht nur von drei Seiten umzingelt, sondern sah sich auch einer Übermacht gegenüber, deren erklärtes Ziel es war, »die Juden ins Meer zu treiben«. Nach mehreren Niederlagen, zu denen auch der missglückte Versuch zählte, die jüdischen Viertel der Altstadt Jerusalems zu verteidigen (die Folge war die bis zum Sechs-Tage-Krieg* währende Teilung der Stadt), gelang es Pioniereinheiten, in nur wenigen Wochen eine neue Straße nach Jerusalem zu bauen: die Burma-Road blieb bis 1967 die einzige (Versorgungs-)Route.

Letztendlich stand den zahlenmäßig zwar überlegenen, intern aber zerstrittenen arabischen Verbündeten eine – mit zum Teil aus deutschen Wehrmachtsbeständen stammenden und mit Hakenkreuz versehenen Waffen – gut ausgerüstete und extrem kampfwillige Haganah gegenüber, die mit einem Sieg aus diesem ersten Nahost-Krieg hervorging.

Zwischen Februar und Juli 1949 schloss Israel unter der Leitung des späteren Generalstabschefs Moshe Dayan* Waffenstillstandsverträge mit Ägypten und dem Libanon, Transjordanien und Syrien, nicht aber mit dem Irak. Zu diesem Zeitpunkt kam es mit keinem der arabischen Länder zu einer Friedensvereinbarung, da diese Israels Souveränität nicht anerkannten.

ISRAEL DEFENSE FORCES (IDF)

Während des Unabhängigkeitskrieges* nutzte die Haganah die Zeit einer kurzen von der UN vermittelten Feuerpause, um sich neu zu organisieren. Mit der Palmach und den rivalisierenden Verbänden Irgun und Lechi ging

19

sie am 26. Mai in der neugegründeten Israel Defense Forces (hebräisch: Zahal) auf. Zu deren Leitspruch wurden die letzten Worte des Zionisten Joseph Trumpeldor*, der 1920 bei einem Gefecht im obergaliläischen Tel Chai tödlich verwundet worden war: »Macht nichts, es ist gut, für unser Land zu sterben.«

Heute ist die IDF nicht nur die größte Arbeitgeberin des Landes, sondern auch die Institution mit der höchsten Wertschätzung. Eine Sichtweise, die der Tatsache geschuldet ist, dass so gut wie jede Familie einerseits Verwandte oder Freunde in einem der Nahost-Kriege verloren und andererseits selbst in der Armee gedient hat – Männer drei Jahre und Frauen zwei. Zum Dienst verpflichtet sind auch die Männer der Drusen (eine Religionsgemeinschaft islamischer Ausrichtung, die sich nicht als Araber bezeichnet); christliche wie muslimische Araber, zu denen auch die Beduinen gerechnet werden, können sich freiwillig melden.

Ausgenommen von der Wehrpflicht war lange Zeit die stark wachsende Gruppe der Charedim. Erst ein von der Knesset im März 2014 verabschiedetes Gesetz legte fest, dass ab 2017 auch diese ultraorthodoxen Männer sukzessive in den Militärdienst eingegliedert werden müssen.

PARLAMENTSWAHL ✡

Bereits am 11. Mai wurde Israel das 59. Mitglied der
Vereinten Nationen, 24 Jahre bevor die Bundesrepublik
Deutschland es wurde. Dieser Schritt folgte nur wenige
Monate auf die erste Wahl des Parlaments am 25. Januar,
dessen 120 Abgeordnete am 14. Februar zu einer konsti-
tuierenden Sitzung zusammentraten.

Zwei Tage später wurde diese verfassungsgebende
Versammlung per Gesetz in Knesset umbenannt und
Chaim Weizmann* zum Staatspräsidenten gewählt. Unter
dem Vorsitz David Ben Gurions* wurde die zionistische
Arbeiterbewegung Mapai (heute Avoda) Regierungspartei
und er Premierminister sowie Verteidigungsminister. Die
stärkste Oppositionspartei war die konservativ-nationa-
listische Cherut unter der Leitung Menachem Begins*.

Die ersten Sitzungen des Parlaments fanden an wechselnden Orten statt, meist in dem Haus der Jewish Agency*
in Jerusalems King George Street. Erst 1966 wurde sein
offizielles Gebäude, das Beth HaKnesset*, eingeweiht.

YOM HAATZMA'UT ✡

Da die Proklamation des Staates auf den 5. Iyar (des
jüdischen Kalenderjahres 5708) gefallen war, erklärte
David Ben Gurion* im Folgejahr den Tag der Unabhängigkeit zum offiziellen Nationalfeiertag. Er beginnt bei
Sonnenuntergang auf dem Herzlberg in Jerusalem mit
einer Zeremonie, während der zwölf Fackeln als Symbol
für die zwölf Stämme Israels entzündet werden.

21

Voraus geht ihm der Yom HaZikaron*, der Gedenktag für die gefallenen israelischen Soldaten. Der Yom
HaAtzma'ut beendet somit die 24 Stunden der Trauer
mit fröhlichen Feiern.

ZENA

Durch die seit der Staatsgründung* erfolgte Massenein-
wanderung wurde nicht nur Wohnraum, sondern auch
Möbel und Kleidung, vor allem aber Lebensmittel knapp.
Die Regierung sah sich zu Maßnahmen gezwungen und
berief im April ein Ministerium für Rationierungen (hebräisch: Zena) und Versorgung. Karten wurden verteilt,
für die man unter anderem hundert Gramm Margarine
und ein Ei pro Woche bekam. Für Kleinkinder, Schwan-
gere und alte Menschen gab es noch ein Viertel Huhn
dazu.
    Die Zena-Bestimmungen betrafen die gesamte Bevöl-
kerung, auch die Frau des Ministerpräsidenten. Eine Zeit-
zeugin erinnerte sich an den Lebensmittelladen in der Tel
Aviver Ben Yehuda Street, vor dem morgens immer eine
lange Schlange von Frauen mit Kinderwagen stand. Um
Punkt zehn Uhr kam regelmäßig und in einem gewöhnli-
chen Kittel Paula Ben Gurion und versuchte, sich vorzu-
drängen, was die Wartenden nie zuließen. Murrend soll
auch sie sich dann angestellt haben. Sie lebte damals mit
ihren drei Kindern und ihrem Mann, sofern der sich nicht
in seinem Amtssitz in Jerusalem aufhielt, in einem sehr
spartanischen Haus am inzwischen nach ihm benannten
Ben Gurion Boulevard.

Als die Landwirtschaft auf- und ausgebaut wurde, vor allem aber als 1952 die ersten Wiedergutmachungszahlungen aus Deutschland kamen, bedeutete dies einen Wirtschaftsaufschwung, der ab 1953 auch eine Lockerung der Lebensmittel-Rationierung mit sich brachte. Für beendet erklärt wurde die Zena-Zeit jedoch erst 1959.

OPERATION FLIEGENDER TEPPICH

Eine der Folgen des von der UN beschlossenen und von den arabischen Staaten abgelehnten Teilungsplans waren in einigen dieser Länder massive Ausschreitungen gegen die jüdische Bevölkerung. So auch im Jemen, wo es in der Stadt Aden Anfang des Jahres 1948 zu Pogromen kam.

In einer spektakulären Rettungsaktion wurden deshalb mit 180 Flügen englischer und amerikanischer Transportmaschinen ab Juni bis zum September des Folgejahres 49.000 Jemeniten nach Israel ausgeflogen. Diese Operation Fliegender Teppich fand im Verborgenen statt, erst Monate nach ihrem Abschluss wurde sie in Israel bekannt. Dort nahm man die Ankommenden keineswegs mit offenen Armen auf: Sie galten als rückständig – viele von ihnen hatten sich anfangs geweigert, in die ihnen völlig unbekannten Flugmaschinen zu steigen – und somit unfähig, ihre Kinder im Sinne des zionistischen Staates zu erziehen. Hunderte Babys und Kleinkinder verschwanden in Krankenhäusern, angeblich wegen ihres geschwächten Zustandes, und wurden bald darauf für tot erklärt. Doch gab es weder Leichen noch Gräber. **23**

Bis heute werfen jemenitische Familien dem Staat vor, ihre Söhne und Töchter an kinderlose aschkenasische (mitteleuropäische) Shoah-Überlebende in Israel und Amerika vermittelt zu haben. Versuche, durch die Arbeit von Kommissionen Licht in eines der dunkelsten Kapitel der Geschichte Israels zu bringen, scheiterten weitgehend. Für die orientalischen Juden – die Suche nach verschollenen Kindern betraf auch Einwanderer aus Marokko, dem Irak und Syrien – wurde der mangelnde Aufklärungswille der Behörden zu einem weiteren Indiz einer Zwei-Klassen-Gesellschaft, in der sich viele von ihnen noch immer nicht als vollwertige Mitglieder fühlen. Weil jedoch in den letzten Jahren betroffene Angehörige der zweiten und dritten Generation mit ihrem Anliegen an die Öffentlichkeit gingen, ist das Thema wieder aktuell. Wie weit allerdings Schicksale noch aufgeklärt werden können, ist fraglich. Zeitzeugen, ob Täter oder Opfer, sind entweder verstorben oder nicht mehr zu identifizieren.

MOSSAD

Lange galt er als der geheimste aller Geheimdienste – so geheim, dass in den Anfangsjahren weder sein Name noch der seiner Chefs öffentlich genannt wurde. Inzwischen jedoch steht er international in dem Ruf, einer der effektivsten Dienste (hebräisch: Mossad) zu sein.

Seit seiner Gründung am 13. Dezember war er in zahlreiche spektakuläre Aktionen involviert, von denen nur die wenigsten bekannt sind. Als berühmteste gilt das Aufspüren des NS-Verbrechers Adolf Eichmann in

Buenos Aires und dessen Entführung nach Israel. Aber auch für die Vorbereitungen zu der Operation Opera*, deren Ziel die Zerstörung des irakischen Atomreaktors war, sowie für die 1984 durchgeführte Operation Moses*, mit der äthiopische Juden aus dem Sudan nach Israel geflogen wurden, war er verantwortlich. Die Zerschlagung der Terrororganisation Schwarzer September, die das Münchner Olympia-Attentat* verübt hat, wird ihm ebenfalls zugeschrieben.

So geheim wie der Nachrichtendienst selbst war damals auch der Sitz seines Hauptquartiers, die Adresse Yefet Street 91 in Jaffa war nur Eingeweihten bekannt. »Man arbeitet im grünen Haus« bedeutete »man ist beim Mossad beschäftigt«. Grün ist das Haus noch heute, aber der bröckelnde Putz lässt den Charme vergangener Zeiten – 1934 wurde es für eine reiche arabische Familie erbaut – nur noch erahnen. Und der Auslandsdienst Mossad hat wie auch der Inlandsdienst Shin Bet und der militärische Nachrichtendienst Aman längst eine Adresse in Tel Aviv.

In seinen Anfangsjahren residierte der israelische Geheimdienst in dem grünen Haus, einer ehemals arabischen Villa in Jaffa (2017)   **25**

JERUSALEM-GESETZ ✡

Am 4. Januar erklärte Premierminister David Ben Gurion* Yerushalayim zur israelischen Hauptstadt, und am 23. Januar stimmte auch die Knesset mit 60 zu 2 Stimmen dafür. Mit diesem Gesetz verstieß die Regierung gegen den UN-Beschluss, die Heiligen Stätten der drei Weltreligionen – christliche Geburtskirche, muslimische Al Aqsa-Moschee und jüdische Klagemauer (hebräisch: Kotel) – unter internationale Kontrolle zu stellen. Der Zugang zu dem letzten Überrest des Zweiten Tempels, der 70 n.Chr. von den Römern zerstört worden war, blieb den Juden aber ohnehin verwehrt, bis sie Ostjerusalem im Sechs-Tage-Krieg* erobern konnten.

Am 30. Juli 1980 verabschiedete die Regierung ein weiteres Jerusalem-Gesetz, welches das vereinigte Jerusalem als Hauptstadt Israels bezeichnete. Mit der UN-Resolution 478 wurde diese Entscheidung allerdings am 20. August 1980 für unwirksam erklärt, und die internationale Staatengemeinschaft verweigert bis heute die Anerkennung Jerusalems als Hauptstadt. Deshalb sind, obwohl das Beth HaKnesset* sowie alle Institutionen der Regierung in Jerusalem liegen, sämtliche Botschaften in Tel Aviv angesiedelt.

Im Dezember 2017 kam jedoch Bewegung in die Diskussionen um das heikle Thema, als der amerikanische Präsident Donald Trump verkündete, Jerusalem als Israels Hauptstadt bestätigen und die US-Botschaft dorthin verlegen zu wollen.

RÜCKKEHR-GESETZ

Am 5. Juli erließ die Knesset ein Gesetz, das jedem Juden das Recht auf Einwanderung und israelische Staatsbürgerschaft garantierte. Es resultierte aus dem tiefempfundenen Wunsch nach »Nie wieder«. Nie wieder sollten verfolgte Juden als unerwünscht gelten, nie wieder sollten sie als Fremde vor verschlossenen und somit über Leben und Tod entscheidenden Grenzen stehen, sondern in einem – ihrem – Staat willkommen sein. Jeder Mensch, der nach halachischer (rechtlicher Teil der Tora) Definition Jude ist, also eine jüdische Mutter hat oder konvertiert ist, bekam damit sofort die Möglichkeit, Aliyah zu machen. Der Ausdruck (hebräisch für Aufstieg) stammt aus der Bibel und bezeichnet die Rückkehr der Juden in das Gelobte Land, ob einzeln oder in Gruppen. Beispielhaft für Letzteres ist die von Recha Freier 1933 gegründete Kinder- und Jugend-Aliyah*, mit deren Hilfe Tausende von Heranwachsenden aus dem nationalsozialistischen Deutschland herausgebracht und gerettet werden konnten.

1970 wurde das Migrationsgesetz erweitert und gilt seitdem auch für Kinder und Enkel von Juden sowie deren Ehepartner. Ausgeschlossen bleiben nach wie vor jene, die Juden waren und ihre Religion freiwillig geändert haben.

1951

KFAR SHA'UL MENTAL HEALTH CENTER

Am 9. April 1948 hatten Mitglieder paramilitärischer Organisationen das arabische Dorf De'ir Yassin angegriffen und mehr als hundert Zivilisten getötet. Nur wenige Wochen nach diesem international verurteilten Terrorakt setzte seitens der jüdischen Regierung eine sukzessive Neubesiedlung des Ortes mit osteuropäischen Einwanderern ein. Und 1951 wurde auf einem großen Teilstück des ehemaligen Dorfes das Kfar Sha'ul Mental Health Center eröffnet, das in seinen Anfangsjahren vorwiegend Überlebende der Shoah behandelte.

Ende der siebziger Jahre diagnostizierte man hier erstmals das sogenannte Jerusalem-Syndrom. Die bei ausländischen Besuchern auftretende Wahnvorstellung, eine Gestalt der Bibel zu sein, zeigt sich in unterschiedlicher Form. Betroffen sind meist Männer, die sich – ihrer Kleidung entledigt und in das Hotellaken gehüllt – für den Messias halten und dieses auch öffentlich kundtun. König David, Johannes der Täufer oder Petrus gelten ebenso als beliebte Identifikationsfiguren, und wenn Frauen betroffen sind, dann sehen sie sich meist als Maria. Der krasseste Fall eines Verwirrten mit dem Jerusalem-Syndrom war der des Australiers Denis Michael Rohan, der sich für den König von Jerusalem hielt und mit dem Al Aqsa-Anschlag* den Innenraum der Moschee auf dem Tempelberg in Brand setzte.

In der psychiatrischen Klinik werden diese Patienten in zwei Typen eingeteilt: Die einen reisen bereits mit einer psychischen Disposition an, die anderen werden erst in Jerusalem von dem Syndrom befallen. Insbesondere bei Letzteren ist es meist eine vorübergehende Psychose, die oft schon durch das Verlassen der Stadt geheilt wird.

OPERATION EZRA UND NEHEMIAH

Der UN-Teilungsplan und die anschließende Gründung des Staates Israel hatten in vielen arabischen Staaten das Klima gegenüber Juden verschärft. Auch im Irak, einem der Aggressoren des Unabhängigkeitskrieges*, kam es vermehrt zu gewalttätigen Ausschreitungen und Verhaftungen. Die Repressionen verstärkten den Auswanderungswunsch vieler Betroffener, der allerdings – wenn offen ausgesprochen – nicht selten mit einem Todesurteil einherging.

Vermutlich mit Blick auf seine internationale Reputation und auch auf jüdische Vermögen im Land genehmigte die irakische Regierung schließlich die Ausreise der Juden – nicht ohne vorher ihren Besitz zu konfiszieren und ihnen das Recht auf Rückkehr abzusprechen.

Mitte Mai wurden die Ersten mit einer El Al-Maschine nach Israel ausgeflogen. Bis Anfang 1952 waren es insgesamt 125.000 Menschen, die mit der Operation Ezra und Nehemiah per Luftbrücke den Irak verließen. Zum größten Teil hatten sie in der reichen und wohlangesehenen Gemeinde von Bagdad gelebt, die allein 60 Synagogen, die einzige Blindenschule der Stadt sowie Krankenhäuser betrieb. Sie galt als eine der ältesten jüdischen Gemeinschaften der Welt, viele Gelehrte sind aus ihr hervorgegangen. Heute existiert sie praktisch nicht mehr, kaum hundert Iraker jüdischen Glaubens finden sich noch in der Stadt.

JEWISH CLAIMS CONFERENCE (JCC)

Ausschlaggebend für die Gründung dieser Institution waren die Worte des Bundeskanzlers Konrad Adenauer, der – nachdem er sowohl von der israelischen Regierung als auch von jüdischen Organisationen zu einer Stellungnahme aufgefordert worden war – im September vor dem deutschen Parlament erklärte: »[...] im Namen des deutschen Volkes sind unsagbare Verbrechen begangen worden, die zur moralischen und materiellen Wiedergutmachung verpflichten. [...] Die Bundesregierung ist bereit, gemeinsam mit Vertretern des Judentums und des Staates Israel [...] eine Lösung des materiellen Wiedergutmachungsproblems herbeizuführen, um damit den Weg zur seelischen Bereinigung unendlichen Leidens zu erleichtern.«

Daraufhin lud Dr. Nahum Goldmann, Präsident des Jüdischen Weltkongresses, dessen Aufgabe es ist, die politischen Interessen der Juden in der Diaspora zu verteidigen, im Oktober Vertreter der 23 wichtigsten internationalen jüdischen Organisationen nach New York ein. Bei dieser Gelegenheit gründete er mit ihnen die Conference on Jewish Material Claims Against Germany, kurz Jewish Claims Conference. Ihr Ziel war es, mit Deutschland Entschädigungen auszuhandeln für Verluste, die Juden durch die Shoah erlitten hatten. Den ersten Erfolg erzielte die JCC mit dem 1952 geschlossenen Luxemburger Abkommen*.

Angesichts des erst wenige Jahre zurückliegenden Nazi-Terrors war verhasst, was mit Deutschland zusammenhing. Selbst die Sprache – die Sprache der Mörder – mieden deutsche Überlebende in der Öffentlichkeit, und die Mehrheit der jüdischen Bevölkerung verurteilte jegliche Form des Kontaktes oder gar eine Zusammenarbeit mit diesem Land.

Gleichzeitig jedoch stand Israel wegen der Aufnahme Tausender Einwanderer vor massiven finanziellen Problemen, und so hatte Regierungschef David Ben Gurion* schon im März 1951 bei den Alliierten Anspruch auf materielle Wiedergutmachung erhoben, was diese allerdings ablehnten oder ignorierten. Erst Bundeskanzler Konrad Adenauer erkannte 18 Monate später die Verpflichtung Deutschlands gegenüber Israel und dem jüdischen Volk an.

Die darüber geführten Verhandlungen lösten erbitterte Auseinandersetzungen aus. Der Vorsitzende der oppositionellen Cherut Partei, Menachem Begin*, dessen Eltern von den Nazis getötet worden waren, warf den Befürwortern vor, durch Annahme dieses »Blutgeldes« die Würde der Opfer zu zerstören. In Israel kam es zu Straßenschlachten und in Deutschland zu Briefbomben-Attentaten auf Verhandlungsteilnehmer, auch auf Konrad Adenauer.

Dessen ungeachtet unterzeichnete dieser im Luxemburger Abkommen vom 10. September die Verpflichtung Deutschlands, dem Staat Israel drei Milliarden DM zu zahlen, größtenteils in Waren- und Dienstleistungen. Zusätzliche 450 Millionen DM gingen an die Jewish Claims Conference*, um außerhalb von Israel lebende Opfer der Shoah zu unterstützen. 31

Unter den Betroffenen blieben diese Wiedergutmachungszahlungen (im Hebräischen spricht man von Re-
parationszahlungen) umstritten. Während sich die einen
neue Existenzen damit aufbauten, lehnten andere die
Annahme des »mit jüdischem Blut getränkten Geldes«
bis an ihr Lebensende ab.

CHAIM WEIZMANN

Als er am 9. November starb, stand Chaim Weizmann
in seiner zweiten Amtszeit als erster Präsident Israels.
Es war die letzte einer langen Reihe von Führungsposi-
tionen, die er in der Wissenschaft, vor allem aber in der
Politik innegehabt hatte.

Am 27. November 1874 in Motol, einer kleinen
Stadt unweit von Pinsk in Weißrussland, als drittes von
15 Kindern eines Holzhändlers geboren, ging er 1892
zum Chemiestudium nach Darmstadt, wechselte einige
Jahre später nach Berlin und schloss sich dort der zionistischen Bewegung an. Nachdem er 1901 Professor
der Biochemie geworden und 1904 an die Universität in
Manchester gewechselt war, nahm er sechs Jahre später
die britische Staatsbürgerschaft an. Seinen Einfluss als
zionistischer Aktivist nutzend war er beteiligt an dem
Zustandekommen der Balfour-Deklaration*. 1920-31
und nochmals 1935-41 übernahm er die Präsidentschaft
der Zionistischen Weltorganisation (WZO) und am
16. Februar 1949 die des neugeschaffenen Israels.

Wie Albert Einstein war auch er einer der Grün-
dungsväter der Hebräischen Universität Jerusalem*,

der das an seinem Wohnort Rechovot entstandene und inzwischen international anerkannte Weizmann Institut für Wissenschaften angegliedert ist. Im Garten der Forschungsanstalt wurde er bestattet.

Chaim Weizmann (1874-1952), erster Staatspräsident Israels

YAD VASHEM

Je tiefer der Weg in die unterirdisch angelegten Räume führt, desto größer die Beklemmung. Fotos, Exponate, Installationen – Zeugnisse des millionenfachen Mordes an den europäischen Juden während der Zeit des Nationalsozialismus. Die im Westen Jerusalems gelegene Gedenkstätte der Märtyrer und Helden des Staates Israel im Holocaust, so ihr offizieller Name, ist weltweit die größte und bedeutendste ihrer Art. Seit ihrer Eröffnung am 19. August wurde sie ständig erweitert. Neben dem Museum, das die Vernichtung der Juden wissenschaftlich dokumentiert, liegt die Allee der Gerechten unter den Völkern, in der für jeden Nichtjuden, der einen Juden rettete, ein Baum gepflanzt wurde. Oskar Schindler* ist wohl einer der berühmtesten der bisher mehr als 26.500 Menschen aus über 50 Ländern, die auf diese Weise geehrt wurden.

1987 wurde auf dem Areal die Kindergedenkstätte errichtet. Die Halle ihres Hauptraumes ist komplett verspiegelt und nur durch fünf Kerzen erhellt, deren Schein tausendfach reflektiert wird – und symbolisch für die 1,5 Millionen ermordeten Kinder und Jugendlichen steht. Ihre Namen, das Alter und der Geburtsort werden von einem Tonband abgespielt, ein Endlosband, das drei Monate läuft, bis jedes Kind einmal genannt ist.

Die Halle der Erinnerung, in der eine ewige Flamme die in den Boden gravierten Namen der größten Konzentrationslager schwach beleuchtet; der über einem Abgrund schwebende original Waggon eines Deportationszuges; das Tal der Gemeinden, in dem auf Steinwänden über 5.000 Orte genannt sind, die während der Shoah ausgelöscht wurden: Wer in Yad Vashem war, vergisst das Gesehene nie.

Wenn auch kein offizielles, so ist es doch ein berühmtes Wahrzeichen der Stadt: Kaum ein Tel Aviv-Besucher, der nicht die farbige Fassade des am Frishman Beach gelegenen Dan Hotels kennt. Heute gehört es zu einer Kette luxuriöser Gästehäuser, dessen berühmtestes das einst von Menachem Begin* zu Teilen in die Luft gesprengte King David Hotel in Jerusalem ist.

Angefangen hat diese Erfolgsgeschichte in Tel Aviv mit der 1890 in Berlin geborenen Käthe Danielewicz. 1922 war sie nach Palästina emigriert und hatte elf Jahre später die Berliner Architektin Lotte Cohn beauftragt, am noch weitgehend häuserfreien Strand die Pension Käthe Dan mit 21 Gästezimmern zu bauen. 1947 verkaufte sie an die aus Chemnitz stammenden Brüder Yekutiel und Samuel Federmann, die das Dan im Namen beibehielten. 1953 eröffneten sie an dieser Stelle die erste Luxusherberge, die sich mit ihren nur fünf Stockwerken zwischen den übrigen Hotel-Hochhäusern zu ducken scheint, aber dank der 1986 leuchtend-bunt gestalteten Optik geradezu zum Sinnbild der vielfältigen Stadt geworden ist.

Die orange-gelb-türkis-blaue Fassade des Dan Hotels in Tel Aviv (2017)   **35**

BARON EDMOND DE ROTHSCHILD

Als am 6. April eine französische Fregatte in den Hafen von Haifa einlief und dort mit 19 Salutschüssen empfangen wurde, erfüllte sich der testamentarisch festgelegte Wunsch des Baron Edmond de Rothschild. Die sterblichen Überreste des am 2. November 1934 in seinem Geburtsort Boulogne-Billancourt Verstorbenen sowie die seiner Frau Adelheid hatten ihre letzte Reise angetreten, um in Zikhron Ya'akov bestattet zu werden. Die Regierung ordnete ein Staatsbegräbnis an, bei dem Ministerpräsident David Ben Gurion* den Wohltäter Israels als einen unvergleichlichen Menschen bezeichnete.

Der am 19. August 1845 geborene Philanthrop galt als bedeutender Unterstützer des Zionismus. Bereits 1882 hatte er erste Grundstücke in Palästina gekauft, um auf ihnen Siedlungen wie Zikhron Ya'akov (südlich von Haifa) und Rishon LeZion (südlich von Tel Aviv) zu fördern – insbesondere durch den Anbau von Wein. Die Gründung von Carmel, heute der größte Weinproduzent des Landes, geht zurück auf Rothschilds 1924 ins Leben gerufene Stiftung Palestine Jewish Colonization Association. Sein Sohn James (1878-1957) führte das Werk des Vaters fort und finanzierte mit einer großzügigen Spende den Bau des Regierungssitzes Beth HaKnesset*.

Zu Ehren Baron Edmond de Rothschilds wurde eine der Hauptstraßen Tel Avivs nach ihm benannt. Der beliebte Rothschild Boulevard verbindet den südwestlichen Stadtteil Neve Zedek mit dem Nationaltheater HaBimah*. Spätestens seit Juli 2011, als Demonstranten eine Zeltstadt* auf seinem Mittelstreifen errichteten, ist er weit über die Landesgrenzen hinaus bekannt.

LAVON-AFFÄRE

Um diplomatische Querelen zu provozieren, rekrutierte der israelische Geheimdienst Mossad* im Rahmen der Operation Susannah etwa ein Dutzend ägyptische Juden, die Bombenanschläge auf britische Einrichtungen durchführen sollten, um dafür anschließend die radikale Muslimbruderschaft beschuldigen zu können. Die unweigerlich folgenden politischen Unruhen würden, so hoffte man in Jerusalem, die Briten dazu bewegen, die militärische Kontrolle über den auch für Israel lebenswichtigen Suez-Kanal beizubehalten.

Die Agenten ließen am 2. Juli in Alexandria und am 14. Juli in Kairo und Alexandria Brandbomben detonieren, wobei letzterer Versuch fehlschlug und einige der Attentäter aufflogen. Die Verantwortlichkeit für diese Aktionen wurde zu einem endlosen Streitfall – später bekannt als Lavon-Affäre – und führte zu zahlreichen Intrigen sowie geheimen und öffentlichen Untersuchungen. Dabei stellte sich heraus, dass der eine gemäßigte Politik vertretende Premierminister Moshe Sharett nicht informiert gewesen war. Ob Verteidigungsminister Pinchas Lavon in die Pläne involviert war, blieb lange unklar. Obwohl er seine Beteiligung immer bestritt, musste er im Februar 1955 zurücktreten. 1960 wurde er rehabilitiert, seine Unschuld galt als erwiesen, doch seine politische Karriere war beendet.

MASKIT

Handwerk lautet die Übersetzung des hebräischen Wortes Maskit, und genau darum ging es Ruth Dayan mit ihrem Modelabel. Angeregt durch die künstlerischen Fertigkeiten der Einwanderinnen und gleichzeitig bemüht, ihnen einen Arbeitsplatz zu verschaffen, gründete sie 1954 Israels erstes Fashion House. Im darauffolgenden Jahr tat sich die 1917 in Haifa geborene Ehefrau des damaligen Oberkommandierenden der israelischen Streitkräfte Moshe Dayan* mit der, dank Maskit später legendär gewordenen, Designerin Finy Leitersdorf zusammen.

Unter Dayans Ägide entstand eine originäre Mode, die ethnische Besonderheiten der Stickkunst mit lokalen Farben und Stoffen und modernem Design verband. Das vom Arbeitsministerium finanzierte Unternehmen wurde weltbekannt, auch weil Dior mit ihm kooperierte und die US-Schauspielerin Audrey Hepburn seine Kreationen trug. Als es nach seiner Privatisierung 1994 insolvent wurde, schien dies das endgültige Aus einer Erfolgsgeschichte zu sein. Doch 2013 ließ die Designerin Sharon Tal die Traditionsmarke wiederaufleben. In ihrem Studio in Jaffa arbeitet sie daran, beraten von Ruth Dayan, diese israelische Legende neu zu etablieren.

NORDAFRIKANISCHE EINWANDERER

Nach der Staatsgründung* Israels waren die in Marokko lebenden Juden zunehmend gewalttätigen Angriffen ausgesetzt. In den darauffolgenden Jahren entspannte sich die politische Lage im Land wieder, doch nur bis zu dessen Unabhängigkeit 1956. Schon in dem Jahr zuvor verließen Tausende ihr Heimatland, erst illegal und ab 1961 legal, und machten Aliyah. Schätzungen besagen, dass es bis Mitte der sechziger Jahre insgesamt über 100.000 Nordafrikaner waren, darunter auch Tunesier, Algerier und Libyer, die immigrierten – und damit den jungen Staat Israel vor große Probleme stellten.

Abgesehen von einem schwierigen und langwierigen Integrationsprozess – es existierten sowohl sprachliche als auch kulturelle Unterschiede zu den aschkenasischen Juden, die einen westlich geprägten Staat errichten wollten und der orientalischen Lebensweise der Neueinwanderer ablehnend gegenüberstanden – beherrschte Zena* den Alltag. Lebensmittel waren rationiert, Wohnraum kaum vorhanden. Um zumindest letzteres Problem zu lösen, erweiterte man Übergangslager zu Ortschaften oder baute komplett neue Städte. Knapp 20 entstanden auf diese Weise in den fünfziger Jahren.

Eine von ihnen ist Dimona, gegründet am 19. September in der Wüste Negev. Um dort Arbeitsplätze zu schaffen, siedelte man Textilindustrie an. Und weil es sich anbot, erklärte man zu einer ihrer Fabrikationsstätten auch gleich den unweit der Stadt installierten Atomreaktor, der als solcher nie bezeichnet wurde. Spätestens jedoch seit der Entführung Mordechai Vanunus*, der als Whistleblower Interna preisgab, war die Existenz des Nuclear Research Center ohnehin kein Geheimnis mehr.

39

1956

Am 26. Oktober hatte Ägyptens Präsident Gamal Abdel Nasser die Suez-Kanal-Gesellschaft, an der sowohl Frankreich als auch England beteiligt waren, verstaatlicht und gleichzeitig diese Wasserstraße für israelische Schiffe gesperrt. London verlor durch diesen Beschluss seinen freien Zugang zu dem für die Erdölversorgung unentbehrlichen Transportweg. In Frankreich, das Ägyptens Unterstützung der gegen Paris gerichteten algerischen Befreiungsfront schwächen wollte, fand England einen Verbündeten.

Die Regierungen der beiden Länder vereinbarten mit Israel, das zunehmend von in Ägypten ausgebildeten Terroristen bedroht wurde, dessen Angriff auf die Sinai-Halbinsel und den Gaza-Streifen. Da dieser von ägyptischer Seite militärisch beantwortet werden würde, sollten die europäischen Bündnispartner deeskalierend auf die Gegner einwirken und sie mithilfe eines Ultimatums zum Rückzug auf ihre jeweilige Seite des Kanals auffordern. Gleichzeitig wollte man eigene Armeen stationieren, um wieder ungehindert Zugang zu der Wasserstraße zu bekommen.

So besetzten israelische Truppen am 29. Oktober die Sinai-Halbinsel und lösten damit jenen Krieg aus, der auch als Suez-Krise bekannt wurde. Ägypten reagierte erwartungsgemäß und wies auch das Ultimatum zurück, woraufhin Großbritannien und Frankreich angriffen. Nicht erwartungsgemäß war hingegen die Reaktion der USA, die erst die Entwicklungshilfe für Israel stoppten und dann – ebenso wie die Sowjetunion – in einer UN-Vollversammlung von beiden Seiten die sofortige Einstellung der Kampfhandlungen forderten.

Am 5. November akzeptierten Israel und Ägypten den Waffenstillstand, und als im Dezember eine UN-Friedenstruppe an den Grenzen stationiert wurde, zogen sich Frankreich und Großbritannien zurück.

Wenn auch die drei Verbündeten militärisch erfolgreich waren, so hatten sie ihr politisches Ziel, Gamal Abdel Nassers Position zu schwächen, nicht erreicht. Frankreich und Großbritannien verloren zudem ihre Vormachtstellung in dieser Region an die Sowjetunion und die USA. Israel konnte zumindest den wirtschaftlich wichtigen Zugang zum Golf von Akaba als Erfolg verbuchen.

Soldaten der Israel Defense Forces begrüßen auf der Sinai-Halbinsel ein Flugzeug der verbündeten französischen Luftwaffe (1956)

ISRAELISCH-DEUTSCHE
WAFFENVERHANDLUNGEN   ✡

Selbstverständlich verliefen die Gespräche unter
strengster Geheimhaltung, denn ein Deal mit Deutschland, noch dazu über Waffen, war zwölf Jahre nach der
Shoah undenkbar. Eigentlich. Tatsächlich aber musste
der Staat angesichts der ständigen Bedrohung von arabischer Seite dringend aufrüsten, und Deutschland stand
in der moralischen Schuld.

So trafen sich Shimon Peres*, Generalsekretär des
Verteidigungsministeriums, und der deutsche Verteidigungsminister Franz Josef Strauß am Abend des 27.
Dezember in dessen Privathaus in Rott am Inn, diskret
und ohne später den Inhalt der an dem Abend getroffe-
nen Vereinbarungen verlauten zu lassen. Positiv fielen
diese für beide Seiten aus.

Deutschland lieferte kostenfrei die auf Peres
Wunschliste stehenden Transportflugzeuge, Hubschrauber, Geschütze und Panzerabwehrraketen. Da sich die
Bundeswehr noch im Aufbau befand und Deutschland
somit nur über ein begrenztes Waffenarsenal verfügte,
steuerte es zudem nicht mehr gebrauchtes Material des
Zweiten Weltkriegs bei. Israel hingegen konnte seine
Erkenntnisse über sowjetische Waffen anbieten, mit
denen die arabischen Nachbarstaaten ausgerüstet waren, die sie aber im Sinai-Krieg* zu Teilen an die israelischen Streitkräfte verloren hatten. Außerdem verkaufte
man der Bundesregierung für mehrere Millionen DM
Munition für Granatwerfer und größere Mengen der
legendären Uzi, eine Maschinenpistole, die nach ihrem
Erfinder Uziel Gal benannt war. Der 1923 als Gotthard
Glas in Weimar geborene und mit seinen Eltern 1933

nach England emigrierte und später nach Palästina über-
gesiedelte Waffentechniker hatte die kompakte Schnell-
feuerwaffe nach dem Unabhängigkeitskrieg* entwickelt.
Rund zehn Millionen Uzis sollen in Israel produziert und
in Dutzenden Ländern zum Einsatz gekommen sein.
   Als das bilaterale Rüstungsabkommen bekannt
wurde, löste es Empörung aus. Doch David Ben Gurion*
verteidigte die geschäftlichen Beziehungen zu Deutschland mit der Begründung, dass es unter Bundeskanzler
Konrad Adenauer ein anderes Land geworden sei. Der
hingegen lehnte – noch – die von Israel angestrebten
diplomatischen Beziehungen ab, um die Spannungen im
Nahen Osten nicht zu erhöhen.
   Fünf Jahre nach dem Treffen der beiden Verteidi-
gungsexperten vergrößerte sich der Umfang der Bestel-
lung, hinzu gekommen waren noch U-Boote und Panzer. Weiterhin mussten die Transporte verdeckt und
auf höchst komplizierten Wegen stattfinden. Schließlich wollte man die arabischen Staaten nicht unnötig in
Kenntnis setzen von der Aufrüstung der Israelischen
Defense Forces*. Deshalb wurden die Israel zugesagten
Geräte und Waffen »heimlich aus den Depots der Bundeswehr geholt und hernach als Ablenkungsmanöver bei
der Polizei in einigen Fällen Diebstahlsanzeige erstattet.
Hubschrauber und Flugzeuge wurden ohne Hoheitszei-
chen nach Frankreich geflogen und von Marseille aus
nach Israel verschifft«, ließ Franz Josef Strauß später
verlauten. Und tatsächlich blieb dieser Transfer bis Mitte
der sechziger Jahre geheim.

1958

SIEGFRIED LEHMANN

Am 13. Juni starb Siegfried Lehmann dort, wo er die letzten drei Jahrzehnte seines Lebens gewirkt hatte: in dem von ihm gegründeten zionistischen Jugenddorf Ben Shemen.

In Berlin war er am 4. Januar 1892 zur Welt gekommen und schon während seines Medizinstudiums 1914 nach Palästina gereist. Zwei Jahre darauf eröffnete er in dem später in Berlin eingemeindeten Spandau das Jüdische Volksheim für Kriegswaisen; 1921 holte ihn der Jüdische Nationalrat Litauens nach Kaunas, um auch dort ein Heim für Waisen zu leiten, die, zu Handwerkern und Bauern ausgebildet, nach Palästina auswandern sollten. Mit seiner Frau, einer litauischen Ärztin, machte er 1926 Aliyah und baute im folgenden Jahr südöstlich von Tel Aviv den Jugendkibbuz Ben Shemen auf. Das Ziel Lehmanns, der als einer der größten Pädagogen des 20. Jahrhunderts gilt, war es, seinen Schülern einerseits eine fröhliche, in jüdischen Grundwerten verwurzelte Kindheit zu ermöglichen und sie andererseits zu verantwortungsvollen und selbständigen Menschen zu erziehen. Neben dem Schulunterricht lag der Schwerpunkt auf einer landwirtschaftlichen oder handwerklichen Ausbildung. Viele der Lehrer stammten aus Polen und Russland, doch auch der vor den Nationalsozialisten geflohene Schriftsteller und Schwiegersohn Martin Bubers*, Ludwig Strauss, unterrichtete hier.

Die Kinder verließen das Jugenddorf nur an den monatlichen Heimatwochenenden, in den Sommerferien oder zu Pessach und Chanukka. Unter den Schülern waren auch die späteren Staatspräsidenten Moshe Katsav* und Shimon Peres*.

44

YOM HASHOAH ✡

Im April 1951 hatte die Knesset den 27. des Monats Nisan (Mitte März bis Mitte April) festgelegt als Tag des Gedenkens an die Shoah. In der Öffentlichkeit wurde diese Entscheidung jedoch kaum wahrgenommen – es war noch die Zeit, in der man den Überlebenden vorwarf, den Nazis keinen Widerstand entgegengesetzt zu haben, sondern von ihnen »wie Schafe ins Schlachthaus geführt« worden zu sein. Dementsprechend fehlte es an Würdigungen der Betroffenen in der Öffentlichkeit. Erst als sich Initiativen bildeten, die eine offizielle Regelung forderten, wurde 1959 mit dem Gesetz zum Tag des Gedenkens an die Opfer der Shoah und des Heldentums der jüdischen Untergrundkämpfer ein entsprechender Nationalfeiertag eingeführt.

Gemäß der jüdischen Tradition beginnt der Yom HaShoah bei Sonnenuntergang des Vorabends. Für 24 Stunden sind öffentliche Einrichtungen geschlossen, sämtliche Medien senden Dokumentationen über den Holocaust und Gespräche mit Überlebenden, die Fahnen wehen auf halbmast. In Yad Vashem* werden während der dortigen Eröffnungszeremonie sechs Fackeln angezündet, symbolisch für die sechs Millionen ermordeten Juden. Am nächsten Morgen findet die eigentliche Gedenkveranstaltung statt, die mit einem landesweiten zweiminütigen Sirenenton beginnt. Es ist der Moment, in dem das gesamte öffentliche Leben stillsteht und Israel sich vor den toten wie auch vor den lebenden Opfern des nationalsozialistischen Terrors verneigt. Bei dieser Gelegenheit wird auch das El Male Rachamim vorgetragen, ein Gebet, das während Bestattungen oder an Todestagen gesprochen wird.

1960

Die Israelisch-Deutschen Waffenverhandlungen* und davor das Luxemburger Abkommen* waren erste Schritte der Annäherung. Doch eine Aussöhnung zwischen den beiden Staaten schien absolut undenkbar – bis sich ihre Regierungschefs am 14. März im New Yorker Hotel Waldorf Astoria trafen.

David Ben Gurion (1886-1973) und Konrad Adenauer (1876-1967) während ihres legendären Treffens im New Yorker Waldorf Astoria (1960)

Der 73-jährige David Ben Gurion* und der 84-jährige Konrad Adenauer begegneten sich auf neutralem Boden – und mit viel persönlicher Sympathie. Was sie einte, war nicht nur ihr Alter, sondern auch ihre Position. Beide waren seit 1949 erster Premierminister beziehungsweise Kanzler ihrer noch jungen, komplizierten Länder. Während das eine um seine Existenz kämpfte und dafür die finanzielle und militärische Unterstützung des anderen brauchte, kämpfte das andere mithilfe dieses symbolträchtigen Gespräches um ein Wiedererlangen seiner internationalen Reputation.

Doch abgesehen von der politischen Bedeutung war diese Zusammenkunft auch der Beginn einer Freundschaft. Sechs Jahre später besuchte der 90-jährige Adenauer den inzwischen im Kibbuz Sde Boker lebenden Ben Gurion. Beide sollen bei diesem Wiedersehen tief bewegt gewesen sein. Ein Jahr später reiste Ben Gurion in die Heimat Adenauers, um dem im April 1967 Verstorbenen die letzte Ehre zu erweisen.

Zwei Jahre zuvor, am 12. Mai 1965, hatten die Nachfolger der beiden großen Staatsmänner, Levi Eshkol und Ludwig Erhard, offiziell diplomatische Beziehungen aufgenommen. Der Zustimmung war eine lange Zeit des Zögerns seitens der Bundesrepublik vorausgegangen, weil sie als Reaktion eine Anerkennung der DDR durch die arabischen Staaten befürchtet hatte. Die blieb jedoch aus.

THEODOR HERZL

»Wenn ihr wollt, ist es kein Märchen.« Wieder und wieder zitiert bleibt dies der Satz, auf dem die Gründung Israels basiert. Der in Budapest vor hundert Jahren, am 2. Mai 1860, geborene Jurist und Journalist Theodor Herzl hatte ihn in seinem 1896 erschienenen Buch Der Judenstaat niedergeschrieben. Ein Jahr später organisierte er in Basel den Ersten Zionistenkongress* und konkretisierte seine Pläne eines solchen Judenstaates, den der säkulare Publizist weniger als religiöse Stätte   **47** denn als Ort des Schutzes vor Ausgrenzung und Verfolgung definierte. Auch wenn zeitweise Uganda als Ansiedlungsgebiet im Gespräch war, gab er der »Schaffung einer öffentlich-rechtlich gesicherten Heimstätte in Palästina« den Vorrang und wurde schließlich zu einem der engagiertesten Befürworter des Zionismus – eben jener Bewegung, deren Ziel die Errichtung eines jüdischen Nationalstaates in Palästina war. Während viele assimilierte wie auch orthodoxe Juden diesen ablehnten, warb er auf politischer Ebene um Unterstützung seiner Vision, auch bei dem deutschen Kaiser Wilhelm II., den er bei dessen Besuch in Jerusalem traf.

Die Erfüllung seines Traumes hat Theodor Herzl nicht mehr erlebt, er starb am 3. Juli 1904 im österreichischen Kurort Edlach. Seine letzte Ruhe fand er jedoch 45 Jahre später im Judenstaat – auf dem nach ihm benannten Herzlberg in Jerusalem.

Theodor Herzl (1860-1904) während des Ersten Zionistenkongresses in Basel (1897)

ME'IR DIZENGOFF

Am 25. Februar feierte Tel Aviv den hundertsten Geburtstag des wichtigsten Mannes in der Geschichte der Stadt: Me'ir Dizengoff war nicht nur einer ihrer Gründer, sondern bis zu seinem Tod auch ihr erster Bürgermeister.

Auf einer Sanddüne nördlich von Jaffa versammelten sich die Gründer Tel Avivs, um die zu bebauenden Parzellen auszulosen (1909)

Nahe der Stadt Orgeyev im Zentrum Bessarabiens (im heutigen Moldawien) geboren, studierte er in den 1880er-Jahren Chemie-Ingenieurwesen in Paris und emigrierte 1905 nach Palästina. Vier Jahre später gehörten er und seine Frau Zina zu den 66 Familien (andere Quellen nennen die Zahl 60), die sich unweit von dem arabischen Jaffa auf einer Sanddüne trafen, um Parzellen für eine neue Ansiedlung zu verlosen. Man sammelte Muscheln, schrieb auf die eine Hälfte die Namen und auf die andere die Nummer des Grundstücks, und zwei Kinder zogen parallel jeweils eine Muschel. Dieser Tag, der 11. April 1909, gilt als Gründungsdatum Tel Avivs, das erst ein Jahr später so genannt wurde und die Übersetzung des Buchtitels Altneuland von Theodor Herzl* ist. **49**

Me'ir Dizengoff baute sein Haus am späteren Roth-schild Boulevard Nummer 16. Ein Raum dieses Hauses wurde für die Weltöffentlichkeit am 14. Mai 1948 sicht-bar, als David Ben Gurion* in ihm die Unabhängigkeit des Staates Israel verkündete. Noch zu Lebzeiten hatte Dizengoff die Independent Hall, wie das Gebäude heute genannt wird, der Stadt gestiftet.

Als er am 23. September 1936 starb, beerdigte man ihn auf dem Trumpeldor Friedhof und ordnete eine dreitägige Trauerzeit an – in Gedenken an den Mann, in dessen Amtszeit als Bürgermeister die Stadt zu einem Zentrum des wirtschaftlichen und kulturellen Lebens gewachsen war.

Me'ir Dizengoff (1861-1936), erster Bürger-meister der Stadt Tel Aviv

EICHMANN-PROZESS

Es war der Abend des 11. Mai 1960, als zwei Autos einen Motorschaden vortäuschend in und bei der Garibaldi Straße in Buenos Aires parkten. Länger als geplant
mussten sie warten, bis endlich jener Mann aus dem Bus
stieg, der seit Monaten vom Mossad* beschattet worden
war: Ricardo Klement, der als Adolf Eichmann verantwortlich war für den Massenmord an den europäischen
Juden. In einer spektakulären Aktion wurde er entführt
und nach einigen Tagen, die er von Agenten bewacht
in einem Versteck verbrachte, mit einer El Al-Maschine
nach Tel Aviv geflogen. Operation Garibaldi war erfolgreich abgeschlossen.

Den entscheidenden Tipp für die Ergreifung des
Kriegsverbrechers hatte der Frankfurter Generalstaats-
anwalt Fritz Bauer gegeben, den ein deutscher Emigrant
in Buenos Aires auf Eichmanns dortigen Aufenthaltsort
aufmerksam gemacht hatte. Bauer, der fürchtete, dass
langwierige deutsche Ermittlungen den Gesuchten
warnen könnten, informierte den israelischen Geheimdienst, der einen Mitarbeiter nach Argentinien schickte.
Nach wochenlangen Recherchen vor Ort konnte er un-
zweifelhaft Ricardo Klement als den am 19. März 1906
in Solingen geborenen Adolf Eichmann identifizieren.

Am 11. April 1961 begann in Jerusalem der Prozess
gegen den ehemaligen SS-Obersturmbannführer und
Protokollant der Wannsee-Konferenz 1942, auf der die
»Endlösung der Judenfrage« beschlossen worden war.
Als Leiter des sogenannten Judenreferates, einer Abtei-
lung im NS-Reichssicherheitshauptamt, war er für die
Organisation und Durchführung der systematischen
Vernichtung der Juden zuständig. **51**

Adolf Eichmann (1906-1962) in einem Panzerglas-Kasten während des Jerusalemer Prozesses, in dem er zum Tode verurteilt wurde

Während des gesamten Gerichtsverfahrens, das er zum Schutz vor Anschlägen in einem Panzerglas-Kasten verfolgte, zeigte Adolf Eichmann keinerlei Regung oder gar Reue. Eine Verantwortung lehnte er ab, sein Handeln sei das eines einfachen Befehlsempfängers gewesen.

Die Welt reagierte mit Fassungslosigkeit. Durch die internationale Berichterstattung während des Prozesses, in dem Überlebende der Shoah über ihre kaum in Worte zu fassenden Qualen aussagten, drang erstmals das Ausmaß der deutschen Schuld in das Bewusstsein der Öffentlichkeit.

Am 15. Dezember endete das Verfahren mit dem Todesurteil, das in der Nacht auf den 1. Juni 1962 in Ramla bei Tel Aviv vollstreckt wurde.

Nach einem am 30. Juni 1948 verkündeten und am gleichen Tag von einem Erschießungskommando ausgeführten Todesurteil – der wegen Spionage angeklagte Offizier der israelischen Streitkräfte, Me'ir Tobianski, wurde ein Jahr später rehabilitiert – war Eichmanns Hinrichtung die zweite und letzte in Israel.

CHAGALL-FENSTER HADASSAH

»Während der ganzen Zeit meiner Tätigkeit fühlte ich, wie mir mein Vater und meine Mutter über die Schultern schauten, und hinter ihnen standen Juden, Millionen vergangener Juden von gestern und von vor tausend Jahren.« So soll Marc Chagall die zweijährige Schaffensphase beschrieben haben, in der er an den weltberühmten Fenstern des Hadassah-Hospitals gearbeitet hatte. Jedes stellt einen der aus den zwölf Söhnen Jakobs hervorgegangenen Stämme Israels dar, und dank der Unterstützung eines französischen Meisters der Glaskunst war es ihm gelungen, sie in einer unvergleichlichen Farbintensität erstrahlen zu lassen.

Nach ihrer langen Entstehungs- und Ausstellungszeit im New Yorker Museum of Modern Art präsentierte er persönlich sein Werk am 6. Februar (anlässlich des fünfzigjährigen Bestehens der amerikanischen Frauenorganisation Hadassah, die den Auftrag erteilt hatte) in der Synagoge der in Jerusalems westlichem Stadtteil En Kerem gelegenen Hadassah-Klinik. Einige der von ihm gestalteten Fenster erlitten fünf Jahre später durch den Beschuss jordanischer Soldaten im Sechs-Tage-Krieg* schwere Schäden.

Nach Beendigung dieses Konfliktes, in dem die israelischen Truppen Ostjerusalem eroberten, wurde auch das Hadassah-Hospital auf dem Skopusberg wiedereröffnet. Infolge des Unabhängigkeitskrieges* in einer Exklave im Ostteil der Stadt liegend, war dieses ursprüngliche Krankenhaus aus Sicherheitsgründen nach En Kerem verlegt worden, nachdem zuvor arabische Angreifer einen Konvoi auf dem Weg zum Krankenhaus angegriffen hatten.

Heute werden in beiden Hadassah-Krankenhäusern Patienten behandelt – unabhängig von ihrer Nationalität und ihrer Religion. So kann es vorkommen, dass ein palästinensischer Attentäter zur selben Zeit wie seine Opfer versorgt wird.

Die zwölf von Marc Chagall für das Hadassah-Hospital gestalteten Fenster sind in dessen Synagoge im Quadrat angeordnet (2017)

YOM HAZIKARON

Bereits ein Jahr nach der Staatsgründung* gedachte man mit einem offiziellen Akt der gefallenen israelischen Soldaten und der Opfer des Terrorismus – und zwar genau am Unabhängigkeitstag. Auch im zweiten Jahr beließ man es bei dem Datum. Aber das gleichzeitige Begehen des fröhlichsten und des schmerzvollsten Tages des Staates erwies sich aus emotionalen, aber auch aus logistischen Gründen als problematisch. Eine unabhängige Kommission riet schließlich, den Yom HaZikaron um 24 Stunden vorzulegen. Daran hielt man sich, doch erst 1963 wurde aus der ursprünglichen Empfehlung ein Gesetz.

Das Procedere am Vorabend des vierten Tages des Monats Iyar (Mitte April bis Mitte Mai) ist jedes Mal das gleiche. Den Auftakt bildet das Einsetzen eines Sirenentons, der gesamte Verkehr stoppt und die Menschen verlassen ihre Autos, um in Stille zu verharren. Anschließend ruht das öffentliche Leben für 24 Stunden. Die Flaggen werden auf halbmast gesenkt. An der Klagemauer beginnt in Anwesenheit des Präsidenten, der Stabschefs der Verteidigungskräfte und des Bürgermeisters von Jerusalem eine Zeremonie, die im Fernsehen übertragen wird. Ein zweiter Sirenenton am folgenden Vormittag signalisiert den Anfang der landesweiten Feierlichkeiten, in denen man an die Menschen erinnert, die für das Land gestorben sind – bis Mitte 2017 waren es 23.544 Soldaten und Terroropfer.

Wenn zum Sonnenuntergang die Trauerstunden enden, wird auf dem Jerusalemer Herzlberg die Flagge wieder gehisst, und die Feierlichkeiten des Unabhängigkeitstages Yom HaAtzma'ut* beginnen.

PALESTINIAN LIBERATION ORGANISATION (PLO)

Yassir Arafat*, der Mann mit der Kufiye, dem schwarz-wei-
ßen Tuch, das er stets in der dreieckigen Form Palästinas
drapierte, war zweifellos ihr berühmtester Repräsentant.
Doch als die Palästinensische Befreiungsorganisation
(PLO) – später der Dachverband unterschiedlicher politischer Gruppierungen – unter der Führung des ägyptischen Staatspräsidenten Gamal Abdel Nasser am 1. Juni
gegründet wurde, war er noch der Chef der fünf Jahre
zuvor von ihm mit ins Leben gerufenen Kampforganisa-
tion Fatah, die heute die stärkste Gruppierung innerhalb
der PLO ist.

Erst im Februar 1969 übernahm der Freiheitskämp-
fer und Terrorist und spätere Friedensnobelpreisträger
Arafat den Vorsitz der PLO und hielt ihn bis zu seinem
Tod. Unter seiner Führung radikalisierte sich die Organisation, den in ihrer Charta verankerten Satz »Der
bewaffnete Kampf ist der einzige Weg zur Befreiung
Palästinas« ließ er in zahlreichen Terror-Anschlägen
umsetzen.

Nach einem Machtkampf im September 1970 zwischen jordanischen Soldaten und Mitgliedern der PLO
wurden letztere vertrieben aus ihren Kommandozen-
tralen in den Auffanglagern Jordaniens, in die Hunderttausende arabische Palästinenser nach der Gründung
des israelischen Staates geflohen waren. In Beirut in-
stallierte die PLO-Führung ihr neues Hauptquartier, aus
dem sie nach dem Einmarsch der israelischen Armee im
Ersten Libanon-Krieg* erneut vertrieben wurde, dieses
Mal nach Tunis.

Im Oktober 1974 jedoch wurde sie von den arabischen Staatschefs zur Vertreterin des palästinensischen Volkes bestimmt. Zwei Wochen später, am 13. November, verlieh die UN-Vollversammlung Palästina den Beobachterstatus und erkannte damit das Recht der Palästinenser auf nationale Selbstbestimmung an.

Während der Ersten Intifada* verlor die Organisation ihre Vormachtstellung zeitweise an extremradikale Gruppierungen wie Hamas und Islamischer Dshihad, konnte sich aber später als Verhandlungspartnerin in den Friedensgesprächen mit Israel (Oslo-Abkommen*) wieder profilieren.

In dieser Zeit wurde auch 1994 die Palästinensische Autonomiebehörde gegründet (und 2013 in Staat Palästina umbenannt), die die Regierung im Westjordanland und – so ist es geplant – ab 2018 im Gaza-Streifen stellt. Nach dem Tod Arafats übernahm Mahmoud Abbas das Amt des Präsidenten.

ELI COHEN

Ein am Galgen hängender Mann – es war ein grausiges
Bild, das ein TV-Sender in Damaskus am 18. Mai weltweit sendete: Syrien und mit ihm die arabische Welt feierte den Tod des israelischen Spions Eli Cohen.

Nur wenige Monate zuvor noch hatte man Kamal
Amil Taabs, so sein Deckname, geliebt in diesem Land.
Seine Großzügigkeit, seine rauschenden Partys, die er
mit Politikern und Militärs feierte, seine eigene Radio-
sendung machten den Mann berühmt. Gern schmückte
man sich mit ihm und ließ sich auch mal von ihm be-
gleiten auf Touren zu Stellungen der syrischen Armee –
deren Positionen er umgehend an den israelischen Geheimdienst morste. Kenntnisse über derartige Interna
der syrischen Armee verhalfen Israel im Sechs-Tage-
Krieg* zu einem schnellen Sieg. Dass Cohen ein Agent
des Mossad* war, wusste nicht einmal seine Familie,
außer einem Bruder, der selbst für den Dienst arbeitete.

Eliyahu »Eli« Cohen war am 26. Dezember 1924
im ägyptischen Alexandria geboren und dort später,
als seine Unterstützung der Haganah bekannt wurde,
vom Studium ausgeschlossen worden. Er emigrierte
nach Palästina, wo ihn wegen seiner Sprachkenntnisse
in Arabisch, Hebräisch, Englisch und Französisch 1960
der Mossad anwarb. Nach einer Zwischenstation in Argentinien, und schon als Syrer Kamal Abil Taabs, zog er
Anfang 1962 nach Damaskus.

Seine dortige Wohnung lag zwischen einigen Botschaften und ihr gegenüber das Hauptquartier der
Armee. Eine günstige Konstellation, die eine Ortung
seines Funkverkehrs nahezu unmöglich machte. Doch
58 als eines Tages der Strom abgeschaltet wurde und zu-

dem ein Funkverbot erging, vermutlich war man Cohen bereits auf der Spur, wurde ihm sein über Batterie laufendes Funkgerät zum Verhängnis: Ein einziges Signal konnte noch empfangen werden, und zwar seins. Noch während der Übertragung nach Tel Aviv wurde er am 24. Januar verhaftet.

Es folgten vier Monate der Folter und ein Prozess, in dem er zum Tode verurteilt wurde. Internationale Gnadengesuche blieben erfolglos. Trotz aller diplomatischen Bemühungen ist sein Leichnam bis heute nicht freigegeben worden, um ihn nach jüdischem Brauch zu bestatten – in Israel, wo er als Held gilt.

MARTIN BUBER

Dialog zwischen Juden und Christen, zwischen Israelis und Arabern; Dialog im Politischen wie im Persönlichen; Dialog als Mittel zum Verständnis. Wenn es ein Wort gibt, das Werk und Wirken des Religionsphilosophen Martin Buber charakterisiert, dann ist es dieses.

Der am 8. Februar 1878 in Wien geborene und bei seinem Großvater, einem Gelehrten und Spezialisten des osteuropäischen Judentums, in Lemberg aufgewachsene Buber trat sein Leben lang für Verständigung ein. Trotz seiner erzwungenen Emigration nach Palästina (1938) warb er später auch für eine Wiederaufnahme der Beziehungen zu Deutschland, wo er fast seit Beginn seines Philosophie-Studiums gelebt hatte. Dafür wurde er zuweilen scharf kritisiert, insbesondere als er 1953 den Friedenspreis des Deutschen Buchhandels annahm. **59**

Buber, der bis zu seinem Lebensende in Israel blieb, wo er am 13. Juni 1965 in Jerusalem starb und auch beerdigt wurde, hatte schon während seines Studiums Theodor Herzl* getroffen und sich dessen zionistischer Bewegung angeschlossen. Mit Salman Schocken, dem späteren Verleger der Tageszeitung Ha'aretz, hatte er noch zu seinen Berlin-Zeiten die Zeitschrift »Der Jude« gegründet. Gerühmt wurde er für seine philosophische Abhandlung »Ich und du« und die gemeinsam mit dem Historiker Franz Rosenzweig begonnene Übersetzung des Alten Testaments aus dem Hebräischen ins Deutsche, die er, nach seiner langen Lehrtätigkeit an der Hebräischen Universität Jerusalem*, 1961 vollendete.

Martin Buber (1878-1965), Religionsphilosoph und
Übersetzer des hebräischen Alten Testaments

BETH HAKNESSET

Der im Westen Jerusalems gelegene Regierungssitz Beth HaKnesset, davor eine Bronze-Menora mit Darstellungen der jüdischen Geschichte

Erst 17 Jahre nach seiner Konstituierung konnte das Parlament am 31. August sein eigenes Versammlungshaus, das Beth HaKnesset, in Jerusalem beziehen. In achtjähriger Bauzeit war unweit des Israel Museums aus dem typischen hellen Sandstein der Stadt ein quadratisches Säulengebäude entstanden, das Assoziationen an einen Tempel weckt – so die Absicht des Architekten. Der 1893 in Warschau geborene Ossip Klarwein, nach seiner Immigration nannte er sich Joseph, hatte bereits die evangelische Kirche am Berliner Hohenzollernplatz entworfen ebenso wie die Grabmäler von Me'ir Dizengoff* und seiner Frau auf dem Trumpeldor Friedhof in Tel Aviv und Theodor Herzl* und dessen Frau auf dem Herzlberg in Jerusalem sowie den berühmten Dagon Silo in Haifa.

Der zweistöckige Sitz der Regierung wurde weitgehend finanziert durch eine Spende des Baron James de Rothschild, der damit das philanthropische Erbe seines Vaters Edmond de Rothschild* in Israel fortsetzte. Zu dem ansonsten schlicht gehaltenen Interieur bilden drei große Gobelins, die Themen der jüdischen Geschichte darstellen, einen interessanten Kontrast. Entworfen hat sie, wie auch mehrere Wand- und Bodenmosaike, Marc Chagall. Der 1969 eingeweihte Saal mit den Kunstwerken trägt seinen Namen.

Auf der dem Gebäude gegenüberliegenden Straßenseite und geschützt durch einen niedrigen Zaun steht eine fünf Meter hohe Menora. Der siebenarmige Leuchter ist ein religiöses Symbol des Judentums und in diesem Fall von dem aus Deutschland nach London emigrierten Bildhauer Benno Elkan gestaltet, der auf dem Kunstwerk die Geschichte des jüdischen Volkes darstellte. Als Geschenk des britischen Parlamentes kam das vier Tonnen schwere Bronzeobjekt 1956 nach Jerusalem, wo es zehn Jahre später seinen endgültigen Platz vor der Knesset fand.

NOBELPREIS FÜR LITERATUR

Erstmals – und bis heute auch letztmals – ehrte das Nobelpreis-Komitee am 10. Dezember mit Shmuel Josef Agnon einen hebräischen Schriftsteller. Ausgezeichnet wurde der als Samuel Josef Czaczkes am 17. Juli 1888 in Galizien geborene und 1908 nach Palästina eingewanderte Autor »für seine tiefgründige charakteristische Erzählkunst mit Motiven aus dem jüdischen Volk«.

Nach einem elfjährigen Aufenthalt in Deutschland, wo der Verleger und spätere Ha'aretz-Herausgeber Salman Schocken seine Bücher veröffentlichte, kehrte Agnon 1924 nach Palästina zurück und wurde zu einem gefeierten Verfasser moderner hebräischer Literatur. Für seine Romane und Erzählungen war er schon vor dem Nobelpreis mehrfach gewürdigt worden.

Vier Jahre nach dessen Verleihung starb »Shai« Agnon am 17. Februar 1970 in Rechovot bei Tel Aviv – drei Monate vor Nelly Sachs, mit der er den Literaturpreis bekommen hatte. Mit der gemeinsamen Auszeichnung sollten, so das schwedische Komitee, »zwei Schriftsteller geehrt werden, die geistig eng verbunden waren«.

Ebenso wie Agnon hat auch Sachs eine singuläre Position inne: Sie war – und ist es bis heute – die einzige deutschsprachige Dichterin, die den Nobelpreis bekam. »Für ihre hervorragenden lyrischen und dramatischen Werke, die das Schicksal Israels mit ergreifender Deutlichkeit interpretieren«, lautete die Begründung der Jury.

Gelebt hat sie in Israel nie. Als Leonie Sachs am 10. Dezember 1891 in Berlin geboren, war sie im Mai 1940 – und somit im letzten Moment, der Befehl zum Transport Richtung Osten kam zeitgleich mit dem Visum für Schweden – mit ihrer Mutter nach Stockholm geflohen. Das Verfassen von Gedichten, mit dem sie schon als 17-Jährige begonnen hatte, setzte sie dort fort und schuf ein umfangreiches Werk, das allerdings, obwohl sie zeit ihres Lebens in ihrer Muttersprache schrieb, in Deutschland erst seit den 1960er-Jahren zur Kenntnis genommen und dann mit dem Friedenspreis des Deutschen Buchhandels ausgezeichnet wurde. In Stockholm, der Stadt, in die sie sich gerettet hatte und in der sie an ihrem 75. Geburtstag den Nobelpreis entgegennahm, starb sie am 12. Mai 1970.

YERUSHALAYIM SHEL ZAHAV

Man muss die hebräischen Worte der Ode an die »Stadt aus Gold« nicht verstehen, um von ihrem Klang zutiefst berührt zu sein. Ursprünglich war es ein Lied, das im Auftrag Teddy Kolleks* für ein Musikfestival anlässlich des Yom HaAtzma'ut* 1967 geschrieben wurde. Doch dann, keine zwei Monate später, ging Israel als Sieger aus dem Sechs-Tage-Krieg* hervor – Jerusalem war wiedervereinigt. Und das patriotische Yerushalayim Shel Zahav bekam plötzlich eine Aussage von großer Emotionalität. Siebzig Jahre nach der Entstehung der HaTikvah* wurde es zur zweiten Nationalhymne des Staates.

Verfasst hatte es die am 13. Juli 1930 in einem Kibbuz am See Genezerath geborene Naomi Shemer, die spätestens mit diesem Werk zur First Lady of Israeli song and poetry avancierte. Die Sängerin und Songschreberin wurde mit zahlreichen Preisen ausgezeichnet, inklusive des Israel-Preises, und die großen Universitäten des Landes verliehen ihr den Ehrendoktor-Titel. Kurz vor ihrem Tod am 26. Juni 2004 in Tel Aviv beschädigte allerdings ein Skandal ihr Star-Image. Naomi Shemer gestand, dass die Melodie der Hymne auf Jerusalem schlicht die Kopie eines baskischen Wiegenliedes sei, das sie irgendwann gehört und unbewusst für ihre eigene Schöpfung gehalten habe. Der Beliebtheit ihres Liedes tat dieses Geständnis indes keinen Abbruch.

Interpretiert wurde es von vielen Sängern, eine der bekanntesten war die am 19. November 1957 in Tel Aviv geborene Ofra Haza. Die aus einem Armenviertel stammende Jemenitin hatte sich gegen vielerlei rassistische Widerstände in ihren Anfangsjahren zu einer internationalen Künstlerin entwickelt. Als sie am 23. Februar 2000 in Ramat Gan starb, nahmen bei ihrer Beerdigung am Tag darauf auch viele Politiker und Künstler Abschied. Ihr berühmtes Yerushalayim Shel Zahav-Video wurde bisher etwa drei Millionen Mal angeklickt.

SECHS-TAGE-KRIEG

Am Morgen des 5. Juni flogen israelische Kampfjets Richtung Ägypten und zerstörten mit diesem Überraschungsangriff dessen Luftwaffe binnen weniger Stunden. Es war ein Präventivschlag. Die Drohungen der Nachbarländer, Israel endgültig auszulöschen, sowie die am 22. Mai von Präsident Gamal Abdel Nasser angeordnete Schließung der Straße von Tiran (wichtiger Verkehrsweg im Roten Meer) und seine bereits an der Grenze aufmarschierten Truppen ließen Israel handeln.

Kairo verschwieg nicht nur diese bittere Niederlage, sondern verkündete via Rundfunk in den folgenden Tagen des Konfliktes ausschließlich Siegesnachrichten. Woraufhin auch Jordanien und Syrien angriffen. Israel, das ursprünglich nur gegen Ägypten vorgehen wollte, änderte seinen Plan, und Verteidigungsminister Moshe Dayan* befahl die Eroberung der Jerusalemer Altstadt. Am 7. Juni meldeten Fallschirmjäger: »Der Tempelberg ist in unseren Händen.« Das Foto, das drei angesichts des historischen Moments zutiefst ergriffene Soldaten an der Klagemauer zeigt, ist zum Sinnbild dieses Krieges geworden.

Als er mit einem von der UN geforderten Waffenstillstand am 10. Juni endete, hatte Israel nicht nur

Ostjerusalem eingenommen, sondern auch den Gaza-Streifen, Judäa und Samaria (Westjordanland), die Sinai-Halbinsel und die Golanhöhen. Die zahlenmäßig weit überlegenen Gegner hatten das militärische Knowhow, zu dem auch die Informationen des Spions Eli Cohen* beigetragen hatten, des umzingelten Staates unterschätzt.

Israels Bevölkerung war sich schnell uneins, wie mit den neuen Gebieten umzugehen sei. Ein Großteil wollte den im Unabhängigkeitskrieg* 1948 verlorenen Ostteil Jerusalems nicht wieder aufgeben, war aber zu einer Rückgabe anderer eroberter Gebiete bereit – vorausgesetzt, dies wäre Teil eines Friedensabkommens. Die arabische Seite lehnte jedoch sowohl Friedensverhandlungen ab als auch weiterhin die Anerkennung Israels.

RESOLUTION 242

Sie ist die Grundlage aller Friedensverhandlungen, die den Nahen Osten betreffen – und für Israel die wichtigste aller Resolutionen überhaupt, besagt sie doch unter anderem, dass jedes Land ein Recht auf sichere und anerkannte Grenzen hat.

Dieses Statement stammte von dem damaligen dänischen Ministerpräsidenten Jens Otto Krag. Zwei Stunden vor seinem mitternächtlichen Abflug nach New York, wo er vor den Vereinten Nationen sprechen sollte, hatte er die israelische Botschafterin Esther Herlitz in sein Büro bestellt und befragt, was ihre Regierung von diesem Satz halten würde. Die Diplomatin, wissend, dass sie um diese Zeit niemanden in Israel erreichen würde, entschied eigenmächtig: »Wunderbar! Sofort benutzen in der Rede!«

Und so verabschiedete die UN-Vollversammlung am 22. November die Resolution 242 mit folgendem Inhalt: »Der Sicherheitsrat [...] erklärt, dass die Verwirklichung der Grundsätze der Charta die Schaffung eines gerechten und dauerhaften Friedens im Nahen Osten verlangt, der die Anwendung der beiden folgenden Grundsätze einschließen sollte: i) Rückzug der israelischen Streitkräfte aus (den) Gebieten, die während des jüngsten Konflikts besetzt wurden; ii) Beendigung jeder Geltendmachung des Kriegszustands beziehungsweise jedes Kriegszustands sowie Achtung und Anerkennung der Souveränität, territorialen Unversehrtheit und politischen Unabhängigkeit eines jeden Staates in der Region und seines Rechts, innerhalb sicherer und anerkannter Grenzen frei von Androhungen oder Akten der Gewalt in Frieden zu leben. [...]«

YOM YERUSHALAYIM

Am 12. Mai beschloss die Regierung, künftig den 28. Iyar (Mitte April bis Mitte Mai) als Jerusalem-Tag zu begehen. Ein Jahr zuvor hatten israelische Fallschirmspringer während des Sechs-Tage-Krieges* den seit 1948 besetzten Ostteil der Stadt eingenommen. Seitdem war er mit dem Westteil wiedervereinigt.

Deshalb wird an diesem Datum im ganzen Land, und besonders natürlich in Jerusalem, gefeiert – beginnend mit Gebeten und Danksagungen an der Kotel, deren Zugang nicht länger verwehrt ist. Im Gedenken an die im Kampf Gefallenen werden Fackeln entzündet. Später ziehen Fahnen schwenkende Menschen durch ihre Stadt und am Abend beendet ein Feuerwerk den Festtag. Einen nationalen Status bekam dieser erst 30 Jahre später, als die Knesset ihn am 23. März 1998 unter Berufung auf das Jerusalem-Gesetz* zum offiziellen Feiertag erklärte.

Feier mit Israel-Fahnen anlässlich des Yom Yerushalayim auf der nur Männern zugänglichen Seite der Klagemauer (2016)

ABNUTZUNGSKRIEG

Ägypten, schwer gedemütigt durch die militärische Niederlage und territoriale Verluste im Sechs-Tage-Krieg*, ignorierte schon bald den Waffenstillstand und begann mit Angriffen auf Israel. Ziel des Präsidenten Gamal Abdel Nasser war die Rückeroberung des Sinai. Aus der Sowjetunion kamen sowohl umfangreiche Waffenlieferungen, die ein Wiedererstarken der Armee ermöglichten, als auch Militärberater. Die Lage schien erneut zu eskalieren, da Israel mit Luftangriffen reagierte.

Ein zweijähriger Abnutzungskrieg ab Juni endete am 7. August 1970 durch Vermittlung Amerikas mit einem Waffenstillstand. Beide Seiten sahen sich als Sieger: Israel, weil es die Offensive abgewehrt hatte; Ägypten, weil es keine Gebiete abgegeben hatte. Die beabsichtigte Rückeroberung der Sinai-Halbinsel war allerdings nicht gelungen: Anlass für den drei Jahre später folgenden Yom-Kippur-Krieg*.

AL AQSA-ANSCHLAG

Nach der al Haram-Moschee in Mekka und der Propheten-Moschee in Medina gilt die Al Aqsa-Moschee auf der südlichen Seite des Jerusalemer Tempelbergs als drittwichtigstes Heiligtum des Islam. Dass deshalb die arabische Welt zum Heiligen Krieg gegen Israel aufrief, nachdem am Morgen des 21. August ein Brandanschlag auf sie verübt worden war, schien also fast absehbar. Doch schnell stellte sich heraus, dass die Tat nicht wie anfangs kolportiert von einem Juden begangen worden war, sondern von einem christlichen Australier.

Die Al Aqsa-Moschee liegt wie auch der Felsendom auf dem Plateau des Jerusalemer Tempelbergs und ist heute nur Muslimen zugängig

Der 28-jährige Denis Michael Rohan war von Beruf Schafscherer, glaubte jedoch, der neue König von Jerusalem zu sein und in dieser Eigenschaft ein göttliches Zeichen erhalten zu haben, an der Stelle der Moschee einen neuen jüdischen Tempel zu errichten. Er litt an dem erstmals im Kfar Sha'ul Mental Health Center* diagnostizierten Jerusalem-Syndrom, einer Psychose, in der sich ausländische Besucher der Stadt für eine biblische Gestalt halten – meist mit harmlosen Auswirkungen. Für Rohan jedoch endete der Trip in das Heilige Land erst vor Gericht und dann bis zu seinem Tod 1995 in der Psychiatrie.

Durch seinen Anschlag wurden im Innenraum der Moschee Teile ihrer Gebetsnische und der Kanzel erheblich zerstört, beides Gaben des zum Mythos stilisierten Saladin, Sultan von Ägypten und Syrien, der 1187 Jerusalem eroberte. Heute ist Nichtmuslimen der Zugang zu der Al Aqsa-Moschee (übersetzt: die ferne Kultstätte) verboten, von der man ausgeht, dass sie zwischen 706 und 717 errichtet wurde. Sie steht – wie auch der ihr gegenüberliegende Felsendom (687-691 erbaut) – unter der Aufsicht der Waqf-Behörde, einer islamischen Stiftung, welcher der damalige Verteidigungsminister Moshe Dayan* nach der Eroberung der Jerusalemer Altstadt die Verwaltung des rund ein Quadratkilometer großen Areals des Tempelbergs übertragen hat.

SCHWARZE HEBRÄER

Im August kamen die Ersten. Sie stammten aus Chicago, hatten sich dort drei Jahre zuvor unter dem Namen African Hebrew Israelites of Jerusalem zusammengetan und waren nach einem Aufenthalt in Liberia, wo sie nicht willkommen waren, weitergezogen nach Israel. Sich auf das Rückkehr-Gesetz* berufend, forderte ihr Gründer Ben Ammi für sich und seine Mitstreiter die israelische Staatsbürgerschaft ein. Ihnen folgten etwa 2.000 weitere

71

Mitglieder der Bewegung und siedelten sich in den Negev-Städten Dimona, Mitzpe Ramon und Arad an.

Als Nachkommen des Stammes Juda, einer der zwölf Stämme Israels, bezeichnen sie sich und halten sich für das wahre Heilige Volk im Heiligen Land. Sie befolgen die jüdischen Feiertage und Gebote wie Beschneidung, orientieren sich jedoch auch an ihrer afroamerikanischen Kultur. Sie tragen bunte afrikanische Kleidung aus Naturstoffen, leben polygam, ernähren sich vegan und trinken keinen Alkohol.

Da sie eine jüdische Abstammung jedoch nicht belegen konnten, wurde ihnen die sofortige Staatsbürgerschaft verweigert, Arbeitserlaubnisse und staatliche Zuschüsse bekamen sie erst ab 1990. Es dauerte weitere 13 Jahre, bis ihnen das Aufenthaltsrecht zugesprochen wurde. Seit 2004 versehen sowohl die Männer als auch die Frauen Dienst bei der Israel Defense Forces*, und 2009 erhielt der erste Schwarze Hebräer, der, wie alle anderen auch, bis dahin nur einen amerikanischen Pass besaß, die israelische Staatsbürgerschaft.

LEAH GOLDBERG

Ihr Konterfei ist in Orangegelb-Braun gehalten und ziert
seit Ende 2017 den 100-Schekel-Schein – 47 Jahre nach
dem Tod einer der größten Schriftstellerinnen Israels,
deren Œuvre nicht nur Kinderbücher, Prosa und Lyrik
beinhaltete, sondern auch Übersetzungen in die hebräische Sprache.

Schon als Zwölfjährige schrieb die am 29. Mai 1911
im ostpreußischen Königsberg geborene Leah Goldberg,
die in Russland, vor allem aber im litauischen Kaunas
aufwuchs und dort während ihrer Schulzeit Hebräisch
und Deutsch lernte, ihre ersten Gedichte. Nach einem
Studium der Geisteswissenschaften, auch in Berlin und
Bonn, promovierte sie 1935 und machte noch im selben
Jahr Aliyah. In Tel Aviv verpflichtete man sie als literari-
sche Beraterin des späteren Nationaltheaters HaBimah*.
Später wurde sie Dozentin für vergleichende Literatur-
wissenschaft an der Hebräischen Universität Jerusalem*,
was sie bis zu ihrem Krebstod am 15. Januar 1970 blieb.

Trotz aller anderen Engagements blieb das Schreiben
der Schwerpunkt ihrer Arbeit. Kaum ein Israeli, der nicht
mit ihren Kinderbüchern aufgewachsen ist. Ihre Lyrik-
bände wurden zu Standardwerken. Zudem verfasste sie
Romane wie »Briefe von einer imaginären Reise«, der
sich, 1936/37 veröffentlicht, mit dem schmerzvollen
Abschied von der Kultur Europas in den dreißiger Jahren beschäftigt und auch ins Deutsche übersetzt wurde.
Goldberg wiederum brachte durch ihre Übersetzungen –
sie beherrschte sieben Sprachen – den israelischen Le-
sern die Werke von Shakespeare, Molière, Tolstoi, Ibsen
und Brecht nah. Für ihr Wirken wurde sie im Jahr ihres
Todes posthum mit dem Israel-Preis geehrt.

73

Die Maschine der israelischen Fluggesellschaft El Al aus Tel Aviv kommend landete am 10. Februar in München wetterbedingt mit Verspätung. Der Weiterflug nach London verschob sich für 15 Passagiere, darunter die Schauspielerin Channa Maron und ihr Kollege Assaf Dayan, Sohn des Politikers Moshe Dayan*. Die Wartezeit überbrückten sie im Transitraum. Als sie diesen nach einem Kaffee wieder verlassen wollten, versperrten ihnen drei Mitglieder der arabischen Terrorgruppe PFLP (Popular Front for the Liberation of Palestine) den Weg, um – wie der später rekonstruierte Plan darlegte – das Flugzeug zu entführen. Während des folgenden Handgemenges zündeten sie eine Granate und warfen eine zweite in den auf dem Rollfeld wartenden Bus. Ein junger Israeli starb, und im Warteraum hatte der explodierende Sprengkörper den Arm des Flugkapitäns verletzt und den Fuß von Channa Maron zerfetzt.

1933 war die am 22. November 1923 in Berlin geborene Hanna Meierzak, wie sie hieß, bevor sie ihren Namen hebräisierte, mit ihrer Familie vor den Nationalsozialisten geflohen. Nun wurde sie ausgerechnet in Deutschland schwer verletzt. Als sie zwei Jahre später wegen einer anzupassenden Prothese wieder in München war, töteten nur wenige Kilometer entfernt palästinensische Terroristen bei dem Olympia-Attentat* elf israelische Sportler. Trotzdem setzte sich Channa Maron weiterhin vehement für eine Aussöhnung mit den Palästinensern und die Anerkennung ihres eigenen Staates ein und war als Friedensaktivistin 1993 Gast bei der Unterzeichnung des Oslo I-Abkommens* in Washington. Sie war selbst Soldatin gewesen, hatte während des

Zweiten Weltkrieges in der jüdischen Brigade der britischen Armee gekämpft. Danach jedoch tat sie wieder das, womit sie bereits als Vierjährige begonnen hatte: Sie stand auf der Bühne und vor der Kamera. Noch in Berlin hatte sie in Fritz Langs Kinofilm »M – eine Stadt sucht einen Mörder« gespielt und im Deutschen Theater das »Pünktchen« aus Erich Kästners Roman »Pünktchen und Anton«. Damit wurde sie ein Kinderstar, bevor sie über Frankreich nach Palästina emigrieren musste. Dort reüssierte sie am späteren Nationaltheater HaBimah* und ein Jahr nach der Amputation ihres Fußes am Cameri, dem zweiten großen Theater Israels, dessen Ensemblemitglied sie bis an ihr Lebensende blieb.

Mit ihrem Tod am 30. Mai 2014 in Tel Aviv verlor das Land eine seiner beiden – die andere war die ebenfalls aus Deutschland stammende Orna Porat* – Grandes Dames der Schauspielkunst.

Channa Maron (1923-2014), Schauspielerin
und Opfer des Attentats (1957)

ISRAELISCH-DEUTSCHE GESELLSCHAFT (IDG)

Im April war es auch in Tel Aviv soweit. Mit der Israelisch-Deutschen Gesellschaft (IDG) wurde das Pendant der in Bonn und kurz danach offiziell in Berlin ins Leben gerufenen Deutsch-Israelischen Gesellschaft (DIG) gegründet. Ihre Ziele waren und sind die gleichen: Stärkung und Ausbau der persönlichen, kulturellen und wirtschaftlichen Beziehungen zwischen beiden Ländern.

Als sich die deutsche Organisation fünf Jahre zuvor konstituiert hatte, ahnte noch keines ihrer Mitglieder, wie schnell sie gemessen werden würde an ihrem Leitsatz »Die DIG ist die zentrale Organisation in der Bundesrepublik Deutschland, in der sich Freunde Israels in überparteilicher Zusammenarbeit zusammenfinden, um in Solidarität mit dem Staat Israel und seiner Bevölkerung zu wirken«. Mit Beginn des Sechs-Tage-Krieges*, sammelte sie 1967 in einer Spendenkampagne drei Millionen Mark für das bedrohte Israel.

INSTITUT FÜR DEUTSCHE GESCHICHTE

Nur wenige Monate später, im Oktober, wurde an der Universität in Tel Aviv das Institut für Deutsche Geschichte eingeweiht. Der Akt war insofern bemerkenswert, weil es in Israel die erste Einrichtung dieser Art war. Mit ihr setzte sich die Hochschule von der konkurrierenden Hebräischen Universität Jerusalem* ab, die zwar den 1934 eingestellten Deutschunterricht 1954 wiederaufgenommen hatte, aber erst Ende der siebziger Jahre einen Lehrstuhl für Deutsche Geschichte etablierte.

Ermöglicht wurde der Aufbau des Instituts durch eine fünfjährige Finanzierung der VolkswagenStiftung. Noch in den sechziger Jahren wurden Fahrer eines Käfers, Inbegriff dieses Unternehmens, dessen Grundstein Adolf Hitler im Mai 1938 gelegt hatte, nicht nur verbal attackiert.

SARONA

Es war eine kleine christliche Glaubensgemeinschaft, aus Württemberg stammende Templer, die vor hundert Jahren, am 18. Oktober 1871, nordöstlich von Jaffa mit dem Bau der größten deutschen Kolonie in Palästina begann. Die bereits 1861 von der evangelischen Landeskirche abgespaltenen Pietisten suchten in der Heimat Jesu ihre Erfüllung und kauften deshalb dort Land, legten die Sümpfe trocken und besiedelten das Gebiet.

Zwar erwiesen sich ihre agrarischen und architektonischen Neuerungen als nachahmenswert für die späteren jüdischen Pioniere, doch ab den 1930er-Jahren schlug den Deutschen massive Ablehnung entgegen. Viele von ihnen machten kein Hehl aus ihrer nationalsozialistischen Gesinnung, und in allen ihren sieben Siedlungen, zu denen auch die German Colony in Haifa und das 15 Kilometer östlich von Sarona gelegene Wilhelma (so benannt zu Ehren Wilhelm II., heute Bnei Atarot) zählten, bildeten sich NSDAP-Ortsgruppen. 1950 wurden die letzten Templer des Landes verwiesen. Aus Sarona war schon 1948 HaQirya geworden und der Sitz der Regierungsbüros, von denen die meisten aber ein Jahr später nach Jerusalem zogen. Das Gelände verfiel.

Inzwischen jedoch ist dieses historische Erbe ein riesiges Projekt der Denkmalpflege: Für jedes der 33 weißen Häuser mit rotem Dach gab es detaillierte Informationen zu seinem ursprünglichen Aussehen, und so ist hier, zwischen den gläsernen Hightech-Fassaden der sie umgebenden Bürotürme, die schwäbische Provinz wieder auferstanden. Mittlerweile ist das Gebäude-Ensemble ein absolutes In-Viertel mit coolen Läden und hippen Restaurants.

Das in den letzten Jahren detailgetreu renovierte Sarona-Viertel in Tel Aviv galt als größte Siedlung schwäbischer Templer in Palästina (2017)

MASSAKER VON LOD

Die drei Japaner hatten am 30. Mai in Rom eine Maschine
nach Tokio bestiegen mit geplantem Zwischenstopp in
Israel. Am Flughafen Lod (heute Ben Gurion) hoben sie
ihr Gepäck vom Band, entnahmen ihm Schnellfeuerge-
wehre und schossen Sekunden später in die Menge der
Wartenden. 17 christliche Pilger aus Puerto Rico, acht
Israelis und eine Kanadierin starben, Dutzende Menschen waren verletzt.

Einer der Attentäter wurde von Sicherheitskräften
getötet, der zweite durch seine Handgranate, der dritte
konnte festgenommen werden. Sie waren Mitglieder der
Nihon Sekigun, der Japanischen Roten Armee, und han-
delten im Auftrag der Popular Front for the Liberation
of Palestine (PFLP), die diesen Anschlag rechtfertigte als
Rache für den israelischen Überfall 1948 auf das arabische Dorf De'ir Yassin. Japan war schockiert über die
Nationalität der Täter und soll 1,5 Millionen Dollar als
Entschädigung für die Opfer des Blutbads angeboten
haben.

Der Flughafen als Ort des Massakers war von den
Terroristen gezielt gewählt worden, um zu demonstrieren, dass Israel auch an einem seiner gesichertsten
Plätze verwundbar war. Der Überfall bildete den Auftakt
zu einer langen Reihe weiterer Angriffe, der erste – das
Olympia-Attentat* in München – folgte nur wenige Monate danach.

OLYMPIA-ATTENTAT

In den frühen Morgenstunden des 5. September drangen acht Männer in das Münchner Olympiadorf ein und stürmten die Unterkunft der israelischen Sportler. Die beiden Athleten, die sich ihnen entgegenstellten, starben an ihren Schussverletzungen – der eine sofort, der andere qualvolle Stunden später. Mit den neun verbliebenen Athleten verschanzten sich die Aktivisten der palästinensischen Terrorgruppe Schwarzer September und forderten von Israel die Freilassung von mehr als 200 inhaftierten Palästinensern und die des Japaners, der an dem Massaker von Lod* beteiligt gewesen war, sowie die zweier RAF-Mitglieder aus deutscher Haft.

Einer der acht Terroristen im Quartier der israelischen Sportler (1972)

Sowohl die israelische Ministerpräsidentin Golda Meir* als auch der deutsche Bundeskanzler Willy Brandt lehnten die Forderungen trotz der mehrfach verlängerten Ultimaten der Terroristen ab. Daraufhin ließen sie sich mit ihren Geiseln per Hubschrauber zum Flughafen Fürstenfeldbruck fliegen, wo nach unzähligen Pannen der mit der Situation überforderten bayerischen Polizei in einem missglückten Befreiungsversuch in der Nacht auf den 6. September alle Sportler, ein Polizist und fünf der Attentäter starben.

Die olympischen Spiele waren erst in den Nachmittagsstunden unterbrochen worden. Nach einer Gedenkfeier am nächsten Tag ließ der Präsident des IOC, Avery Brundage, sie fortsetzen mit dem berühmten Satz: »The games must go on.«

Noch 2012 bei den Spielen in London weigerte sich das Komitee, anlässlich des 40. Jahrestages des Attentats mit einer Schweigeminute an die Opfer zu erinnern. Es sollten weitere fünf Jahre vergehen, bis am 6. September 2017 mit einem Multimedia-Pavillon, in dem die Lebensläufe der Ermordeten dargestellt werden, unweit des Tatortes ein Denkmal eingeweiht wurde.

THE VOICE OF PEACE

»From somewhere in the Mediterranean – we are The Voice of Peace.« Wer sich an diese Worte erinnert oder sie im Internet wieder hört, den überzieht noch heute eine Gänsehaut. Es war der Soundtrack einer Zeit, in der man glauben wollte, dass noch alles möglich war. Frieden zum Beispiel. Für ihn war Abie Nathan angetreten mit seiner Radiostation, die am 19. Mai erstmals sendete von Bord seines Peace Ship, das im Mittelmeer jenseits der Drei-Meilen-Zone vor Anker lag.

Rund um die Uhr schickte der englischsprachige Piratensender einen Mix aus internationalen Songs, Infos zu aktuellen Themen und Friedensaufrufen in den Nahen Osten. 30 Millionen Menschen hörten ihn, Israelis wie Palästinenser, Syrer, Ägypter, Libanesen – und Abie Nathan wurde zum Star. John Lennon und Yoko Ono, Zubin Mehta und Daniel Barenboim zählten zu den Unterstützern des Pazifisten, der gleichzeitig als Provokateur galt wegen Aktionen wie der 1977, als er mit einem blumenbeladenen Schiff verbotenerweise durch den Suez-Kanal fuhr, um für Frieden zu werben; oder weil er Anfang der 1980er-Jahre begann, sich mit Angehörigen der PLO zu treffen, 1991 sogar mit deren Präsident Yassir Arafat*. Ein Gespräch, das ihm eine 18-monatige Gefängnisstrafe einbrachte, von der er ein Drittel absitzen musste.

Abie Nathan ließ sich davon nicht abschrecken, er glaubte an Frieden und humanistische Werte. Jahrzehntelang sammelte er Geld für Menschen in Krisengebieten, spendete auch sein eigenes Vermögen (und war verarmt, als er am 27. August 2008 in Tel Aviv starb), verbrannte alljährlich in einer großen Aktion Kriegsspielzeug. Er, der am 29. April 1927 im persischen Abadan geboren und bereits mit 17 Jahren Kampfflieger der britischen Luftwaffe geworden war und sich freiwillig während des Unabhängigkeitskrieges* gemeldet hatte, war 1966 nach Ägypten geflogen, um mit Präsident Gamal Abdel Nasser über Frieden zu sprechen. Der Versuch misslang, er wurde abgeschoben und entwickelte in den folgenden Jahren den Plan für sein Peace Ship. Weil dessen Mission nach dem Oslo I-Abkommen* erfüllt schien und deshalb die Werbeeinnahmen ausblieben, erklang Abie Nathans sonore Stimme am 1. Oktober 1993 zum letzten Mal.

Eine Gedenktafel am Gordon Beach in Tel Aviv erinnert an ihn, und ein Lautsprecher lässt auf Knopfdruck hören: »From somewhere in the Mediterranean – we are The Voice of Peace.«

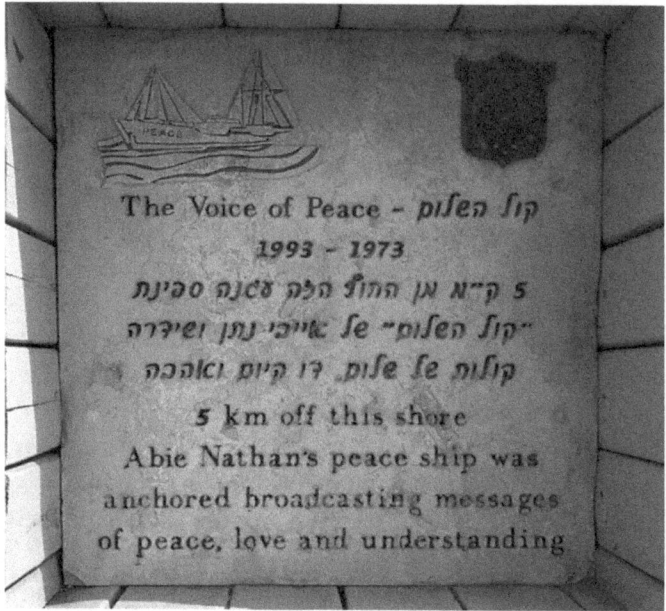

In eine Mauer am Gordon Beach in Tel Aviv eingelassene Gedenktafel für Abie Nathan, Gründer des Piratensenders The Voice of Peace (2017) **83**

»Bürger von Israel, heute gegen 14 Uhr haben die Armeen Syriens und Ägyptens einen Krieg gegen Israel eröffnet. Flugzeuge der Luftwaffe sowie Panzer- und Artillerie-Einheiten unserer Feinde sind auf dem Sinai und den Golanhöhen im Einsatz.« Worte, mit denen Ministerpräsidentin Golda Meir* die Bevölkerung am 6. Juni über eine Situation informierte, die niemand erwartet hatte – schon gar nicht an Yom Kippur, dem höchsten jüdischen Feiertag.

Es war also ein Überraschungsangriff, und in den ersten 48 Stunden vermeldeten die Aggressoren Erfolge: Die wenigen Soldaten, die an dem Festtag ihren Dienst an den Grenzen versehen hatten, waren tot oder geflohen. Trotz der rasch mobilisierten Armee inklusive Reservisten blieb Israel in eklatanter Unterzahl an Menschen und Material. Erst als Amerika nach einer Woche über eine Luftbrücke militärische Geräte lieferte, konnte Israel eine Gegenoffensive starten und die Syrer weit über den Golan ins Landesinnere und schließlich auch die Ägypter bis hinter den Suez-Kanal zurückdrängen.

Nach massiver amerikanischer und russischer Intervention einigten sich die Kriegsparteien am 25. Oktober auf einen Waffenstillstand. Die Verluste waren auf allen Seiten hoch. Israel hatte zudem den Nimbus der Unbesiegbarkeit verloren, was die Gesellschaft in eine schwere Krise stürzte. Golda Meir, die Warnungen vor einem arabischen Angriff ignoriert hatte, zog die Konsequenzen und trat im darauffolgenden Jahr zurück.

DAVID BEN GURION

Ein alter Mann im schwarzen Anzug, an der Hand sein kleiner Enkel, in der Weite des Negev: Das Bild ist charakteristisch für Israels ersten Ministerpräsidenten. David Ben Gurion träumte davon, die Wüste zu besiedeln und fruchtbar zu machen. Als er am 1. Dezember starb, hatte er nicht nur im Negev ein Forschungsinstitut etabliert, sondern auch die letzten Jahre seines Lebens genau dort verbracht, im Kibbuz Sde Boker. Unweit seines Hauses fand er neben seiner Frau Paula die letzte Ruhe.

David Ben Gurion (1886-1973), erster Ministerpräsident Israels, mit seinem Enkel in der Wüste Negev (1967)

Geboren war er als David Grün am 16. Oktober 1886 im polnischen Płońsk, wo er sich schon früh mit dem Zionismus beschäftigte und 1906 schließlich nach Palästina auswanderte. Elf Jahre später verwiesen ihn die noch herrschenden Osmanen wegen seiner zionistischen Aktivitäten des Landes, in das er jedoch nach Ende des Ersten Weltkrieges zurückkehrte und 1920 die Histadrut (Dachverband der Gewerkschaften) sowie 1930 die Arbeiterpartei Mapai (später Avoda) gründete. Er übernahm jeweils den Vorsitz wie auch den der Jewish Agency*.

Am 14. Mai 1948 war er es, der die Staatsgründung* bekanntgab. Seine zweite Amtszeit als Premierminister, die erste war 1949-53, begann 1955 und endete 1963 mit seinem Rücktritt. Jahrelange interne Parteistreitereien um die Lavon-Affäre*, in der es um den Nachweis von Mitwissen und Schuld an einer missglückten Mossad*-Aktion in Ägypten ging, hatten ihn schließlich zu diesem Schritt gezwungen. Obwohl er nochmals eine Partei aufbaute, war seine große Zeit als Politiker vorbei.

Trotz seiner zahlreichen Ämter lebte David Ben Gurion, wenn er sich nicht in Jerusalem aufhielt, in dem anfangs sehr kleinen, später erweiterten und noch heute zu besichtigenden Haus Nummer 17 am Sderot Ben Gurion in Tel Aviv. Bücher dominierten die ansonsten bescheiden möblierten Räume. Er galt als leidenschaftlicher Leser, der aber auch selbst Bücher schrieb. Das letzte Werk, seine Memoiren, verfasste er in Sde Boker in der Wüste.

GROSSMUFTI VON JERUSALEM

Am 4. Juli starb in Beirut ein Mann, der aus einer der einflussreichsten arabischen Familien Jerusalems stammte, wo er 1893/1895/1897 – die Quellen sind sich nicht einig – geboren wurde. Bekannt aber wurde Mohammed Amin al-Husseini, Großmufti von Jerusalem, nicht seiner Herkunft wegen, sondern als Mitglied der SS und Gesinnungsgenosse Adolf Hitlers.

Das Ziel der beiden Männer, die totale Vernichtung der Juden, war dasselbe, wie man sich bei einem Treffen Ende November 1941 in Berlin versicherte. In einem von der Israelischen Nationalbibliothek im März 2017 veröffentlichten Dokument – ein Telegramm, das der Reichsführer der SS Heinrich Himmler im November 1943 an den Großmufti schickte –, hieß es dann auch: »Die nationalsozialistische Bewegung Großdeutschlands hat seit ihrer Entstehung den Kampf gegen das Weltjudentum auf ihre Fahne geschrieben. Sie hat deshalb schon immer mit besonderer Sympathie den Kampf der freiheitsliebenden Araber, vor allem in Palästina, gegen die jüdischen Eindringlinge verfolgt. Die Erkenntnis dieses Feindes und der gemeinsame Kampf gegen ihn bilden die feste Grundlage des natürlichen Bündnisses zwischen dem nationalsozialistischen Großdeutschland und den freiheitsliebenden Mohammedanern der ganzen Welt.«

Diese Sympathiekundgebung erreichte Mohammed Amin al-Husseini an seinem neuen Wohnort Berlin, wo er inzwischen dank Hitler komfortabel lebte. Da ihm die Briten – die ihn 1921 zum Mufti (umgangssprachlich wurde daraus ein Großmufti) ernannt hatten, später jedoch von ihm bekämpft wurden – mit Verhaftung   **87** drohten, war er mit falschen Papieren nach Deutschland geflohen. Für die Gewährung des dortigen Asyls revanchierte er sich, indem er ab 1943 muslimische Bosnier für die SS rekrutierte.

Als er 1945 von mehreren Staaten als Kriegsverbrecher gesucht wurde, floh er nach Ägypten und setzte den Kampf gegen die Juden in Palästina fort. Seine alte Machtposition konnte er allerdings nicht wiedererringen und spätestens mit der Gründung der PLO verschwand er in der Bedeutungslosigkeit.

OSKAR SCHINDLER

Mit »Schindlers Liste« setzte ihm der amerikanische Regisseur Steven Spielberg 1993 ein filmisches Denkmal und ließ ihn, zwei Jahrzehnte nach seinem Tod, weltberühmt werden. Der Name Oskar Schindler wurde zum Synonym für Menschlichkeit in der Zeit der nationalsozialistischen Unmenschlichkeit.

1939 war er in die NSDAP eingetreten und hatte wenige Wochen nach Kriegsbeginn eine Fabrik bei Krakau übernommen, in der er bald sehr erfolgreich Blechgeschirr für die Wehrmacht und später auch Munition herstellen ließ. Unter seinen Arbeitern waren mehrere Hundert Juden aus dem Krakauer Ghetto. Als es 1943 aufgelöst wurde, deportierte die SS seine Bewohner in Vernichtungslager oder inhaftierte sie in dem Zwangsarbeits- und späteren Konzentrationslager Płaszów. Mit dessen wegen seiner Grausamkeit gefürchteten

Kommandanten Amon Göth befreundete sich Oskar

Schindler – unter Zuhilfenahme üppiger Zuwendungen in Form von Luxusartikeln, die der inzwischen wohlhabende Fabrikant auf dem Schwarzmarkt organisierte – und konnte so kleine Erleichterungen für seine jüdischen Arbeiter erwirken. Denn er, der anfangs noch aus rein wirtschaftlichen Erwägungen gehandelt hatte, war zunehmend abgestoßen von deren Behandlung. Um sie vor der Deportation zu schützen, ließ er seinen Betrieb als kriegstechnische Produktionsstätte anerkennen, für deren reibungslosen Ablauf er angeblich auf diese Arbeiter angewiesen war.

Im Sommer 1944 wurde das KZ aufgelöst, und Schindler verlegte seine Fabrik nach Brünnlitz in der Nähe von Zwittau (im heutigen Tschechien), wo er am 28. April 1908 zur Welt gekommen war. Die SS bewilligte ihm die Mitnahme von Zwangsarbeitern. Eine von ihm erstellte Liste soll die Namen von 781 Juden und 297 Jüdinnen umfasst haben, die er auf diese Weise in Sicherheit brachte.

Nach dem Krieg konnte er nie wieder wirklich Fuß fassen. Nach einigen Jahren in Deutschland ging er 1950 nach Argentinien mit seiner Frau Emilie, die die Rettung der später Schindlerjuden genannten immer unterstützt hatte. 1957 kehrte er allein zurück und zog nach einer geschäftlichen Niederlage mittellos in eine winzige Wohnung am Frankfurter Bahnhof. Als die durch ihn Geretteten von seinem Schicksal erfuhren, luden sie ihn nach Jerusalem ein, wo er von da an bis zu seinem Tod die Hälfte des Jahres verbrachte.

Am 9. Oktober starb Oskar Schindler in Hildesheim. Auf seinen Wunsch wurde der Leichnam nach Jerusalem überführt und auf dem katholischen Friedhof am Berg Zion beigesetzt, im Beisein mehrerer hundert Menschen, die ihm ihr Überleben verdankten.

1975

HEBRÄISCHE UNIVERSITÄT JERUSALEM

Zwar ist das 1912 gegründete Technion in Haifa die älteste Universität Israels, doch die berühmteste ist die Hebräische Universität Jerusalem, deren 50. Gründungstag am 1. April gefeiert wurde. In der Hoffnung auf einen eigenen Staat hatten sich schon früh renommierte Wissenschaftler für eine weltweit anerkannte Institution des akademischen Lernens ausgesprochen. Und so war es nicht verwunderlich, dass dem ersten Direktorium der 1925 eröffneten Hebräischen Universität neben dem späteren Staatspräsident Chaim Weizmann* und dem Dichter Chaim Nachman Bialik auch Albert Einstein, Sigmund Freud und Martin Buber* angehörten.

Der Grundstein für die Lehranstalt war bereits am 24. Juli 1918 auf dem Skopusberg gelegt worden. Dreißig Jahre später erwies sich die Wahl des Ortes als problematisch: Nach dem Unabhängigkeitskrieg* bildete das Areal eine israelische Exklave in dem von Jordanien kontrollierten Ostjerusalem und der Lehrbetrieb musste ausgelagert werden. Erst nach dem Sechs-Tage-Krieg* konnte der Campus wiedereröffnet werden.

RESOLUTION 3379

Ausgerechnet am 10. November, einem Jahrestag, der an die Folgen der Pogromnacht 1938 erinnert, beschloss die Generalversammlung der Vereinten Nationen die Resolution 3379. Unter dem Titel »Beseitigung aller Formen der Rassendiskriminierung« brandmarkte sie den Zionismus als eine Form des Rassismus und stellte die israelische Politik auf eine Stufe mit dem Apartheidregime Südafrikas.

Erwartungsgemäß hatten die meisten westlichen Länder dagegen gestimmt, die arabischen Länder sowie die des Ostblocks (darunter auch die DDR) dafür. Mit 72 zu 35 Stimmen bei 32 Enthaltungen wurde die Erklärung bestätigt.

Sechzehn Jahre dauerte es, bis mit der am 16. Dezember 1991 von der UN verabschiedeten Resolution 46/86 die frühere Aussage revidiert wurde. Dieses Mal mit 111 zu 25 Stimmen bei 13 Enthaltungen, wiederum stimmte kein arabischer Staat dafür.

Kofi Annan, von 1997 bis 2006 Generalsekretär der Vereinten Nationen, bezeichnete bereits ein Jahr nach seinem Amtsantritt die Resolution 3379 als einen »Tiefpunkt« in deren Geschichte.

OPERATION YONATHAN

Am Morgen des 27. Juni startete in Tel Aviv eine Air France-Maschine Richtung Paris. Bei einem Zwischenstopp in Athen stiegen weitere Passagiere zu, darunter zwei deutsche Mitglieder der Revolutionären Zellen und zwei palästinensische der Volksfront zur Befreiung Palästinas (PFLP), in ihrem Bordgepäck Waffen und Sprengstoff.

Sie zwangen den Kapitän, erst das libysche Bengasi anzusteuern, dann den Flughafen von Entebbe in Uganda, wo sie in dem Diktator Idi Amin einen Sympathisanten wussten und der Airbus einen Tag später landete. An Bord befanden sich die zwölfköpfige Besatzung und mehr als hundert Passagiere. Für ihr Leben forderten die Entführer, die vor Ort von weiteren PFLP-Anhängern unterstützt wurden, die Freilassung von 53 Gefangenen, davon 40 in Israel. Am 1. Juli sollte die Frist ablaufen, anschließend die Geiseln erschossen werden. Einen Tag vor dem Ende des Ultimatums trennten die Terroristen anhand der Reisepässe Israelis und Franzosen mit jüdischem Namen von den anderen Passagieren, die freigelassen wurden.

Während es gelang, sich mit den im Flughafen verschanzten Geiselnehmern über eine mehrtägige Fristverlängerung zu einigen, planten Mossad* und Israel Defense Forces* die Befreiungsaktion. In der Nacht auf den 4. Juli landete eine Kommando-Einheit, stürmte das Gebäude, befreite die Geiseln und erschoss alle Terroristen sowie rund 20 ugandische Soldaten. Nach 90 Minuten war der Einsatz der Elite-Soldaten beendet, ihr Kommandant Yonathan Netanyahu überlebte ihn als Einziger nicht. Zu Ehren des älteren Bruders des heutigen Premierministers Benjamin Netanyahu* wurde die Aktion Operation Yonathan genannt.

ig hg

1977

SADAT IN JERUSALEM

Vier schwere Nahost-Kriege – unüberwindbar schien der Graben zwischen Israel und Ägypten. Doch dann verkündete dessen Präsident Anwar al-Sadat am 10. November seinem Parlament eine von ihm beabsichtigte Reise nach Jerusalem! Die arabische Welt war schockiert, die bisherigen Verbündeten brachen den Kontakt ab. Premierminister Menachem Begin* jedoch reagierte ebenso klug wie schnell. In einer Radioansprache wendete er sich zwei Tage später an das Nachbarvolk: »Es wird mir eine Ehre sein, Ihren Präsidenten willkommen zu heißen mit der traditionellen Gastfreundlichkeit, die wir von unserem gemeinsamen Stammvater Abraham geerbt haben.«

Am Abend des 19. November landete Sadat auf dem Flughafen Ben Gurion – empfangen mit allen militärischen Ehren und großem Jubel. Am darauffolgenden Tag betete er in der Al Aqsa-Moschee und besuchte Yad Vashem*. Und hielt als erster arabischer Staatsmann eine Rede vor der Knesset, in der er das Existenzrecht Israels anerkannte. Von Frieden sprach er, und zwar nicht als einer singulären Vereinbarung zwischen den beiden Ländern: »Dieser Friede wird nur dann gerecht sein und Bestand haben, wenn er für alle gilt, für alle Nachbarn Israels und für das palästinensische Volk«. Es sollte ein Anfang sein, der Hoffnung auf ein friedliches Miteinander in der krisengeschüttelten Region weckte. Doch nur Ägypten verhandelte im darauffolgenden Jahr mit Israel über einen Friedensvertrag.

Im eigenen Land fand der Kurs des 1918 geborenen Anwar al-Sadat nicht nur Anhänger. Am 6. Oktober 1981 wurde er während einer Militärparade in Kairo von Fanatikern des al-Dschihad (Heiliger Krieg) ermordet. **93**

1978

PEACE NOW

Die versöhnliche Geste der Israel-Reise und Knesset-Ansprache des ägyptischen Präsidenten Anwar al-Sadat im Jahr zuvor nahmen rund 300 israelische Reserve-Offiziere zum Anlass, einen offenen Brief an Ministerpräsident Menachem Begin* zu formulieren. Den Friedensprozess voranzutreiben, darauf drängten sie in ihrem Schreiben.

Peace now (hebräisch: Shalom Achshav) lautete dann auch die Forderung, die einer im Juni aus dieser Initiative hervorgegangenen Bewegung ihren Namen gab. Eines ihrer Gründungsmitglieder war Israels bekanntester Schriftsteller Amos Oz. Mit Aktionen und Demonstrationen versucht Peace now bis heute, Regierung und Öffentlichkeit davon zu überzeugen, dass die seit Jahren betriebene Siedlungspolitik das Haupthindernis eines Friedens mit den Palästinensern ist.

ISRAELI KRAV MAGA ASSOCIATION

Als Imrich »Imi« Lichtenfeld 1978 offiziell die Israeli Krav Maga Association ins Leben rief, war die von ihm entwickelte Technik der Selbstverteidigung nach einem langen Weg der Veränderungen und Verbesserungen längst schon in vielen Institutionen angekommen.

Ursprünglich galt der am 26. Mai 1910 in Budapest geborene und in Preßburg (heute Bratislava) aufgewachsene Sohn eines Kraftsportlers und späteren Polizisten als einer der besten Ringer Europas. Als jedoch Mitte der dreißiger Jahre die antisemitischen Übergriffe zunahmen, organisierte er eine Schutztruppe und sammelte in Straßenschlachten reichlich Erfahrungen, die er später in seine Lehre einfließen lassen konnte. Als er nach einer endlosen Odyssee 1942 Palästina erreicht hatte, hebräisierte er seinen Namen in Imi Sde-Or, trat in die Untergrundorganisation Haganah ein und trainierte deren Kämpfer. Später übernahm er die sportliche Ausbildung der Soldaten der Israel Defence Forces*. Krav Maga (hebräisch für Kontakt-Kampf) bildete einen der Bestandteile.

Aber nicht nur in der israelischen als einer der bestausgebildeten Armeen der Welt wird auch heute noch diese Variante der Selbstverteidigung gelehrt, die viel mit Schlag-, Tritt- und Grifftechniken, aber auch Bodenkampf arbeitet. Ebenso in der Bundeswehr findet Krav Maga Anwendung sowie bei Polizei, Sicherheitsfirmen und im Privatbereich – eben überall dort, wo effektive Verteidigung im Zweikampf gefragt ist, ob mit Fäusten, Stöcken oder Messern. Heute wird Krav Maga, dessen Erfinder am 9. Januar 1998 starb, in rund 50 Ländern praktiziert.

GOLDA MEIR

Sie sei »der einzige wirkliche Mann« im Kabinett, lautete David Ben Gurions* Charakterisierung seiner Parteikollegin Golda Meir. Für ihren Charme war diese nicht gerade bekannt, eher für ihren eisernen Durchsetzungswillen.

Die am 3. Mai 1898 im russischen Kiew geborene und im amerikanischen Milwaukee aufgewachsene Golda Mabowitsch war Lehrerin und Bibliothekarin, als sie Mitglied einer zionistischen Organisation in New York wurde. 1921 machte sie Aliyah und schnell auch Karriere: Gewerkschaft, Zionistischer Weltkongress, Jewish Acengy*, in deren Namen sie 1948 bei einer einzigen Amerika-Reise 50 Millionen Dollar an Spenden sammelte. Sie wurde die erste Botschafterin in Moskau, Arbeitsministerin, Außenministerin und im März 1969 Ministerpräsidentin. Es sollte ihr letztes Amt sein: Wegen ihrer katastrophalen Fehleinschätzung eines möglichen Angriffs der ägyptischen und syrischen Armeen, der sich zum Yom-Kippur-Krieg* ausweitete, trat sie im April 1974 zurück.

Auch wenn sie sowohl für diesen Fehler als auch für ihre ablehnende Haltung in puncto Friedensgespräche immer wieder kritisiert worden war, wurde sie zu einer Ikone der israelischen Politik. Am 8. Dezember verstarb sie an Krebs und wurde wie viele ihrer Nachfolger auf dem Herzlberg in Jerusalem bestattet.

Golda Meir (1898-1978), Außenministerin und Ministerpräsidentin Israels (1970)

JEWISH AGENCY FOR ISRAEL

Am 11. August blickte die wohl wichtigste Institution des Landes auf ihre fünfzigjährige Geschichte zurück. Auf dem 16. Zionistenkongress 1929 in Zürich gegründet, wurde die Jewish Agency for Palestine die Vertretung aller in Palästina lebenden Juden im Völkerbundsmandat, der späteren UN. Nur ihr oblag es, mit dem britischen Mandatsträger zu verhandeln, etwa über das Ermöglichen der Aliyah für all jene, die in das Gelobte Land freiwillig oder gezwungenermaßen einwandern wollten.

Schon in ihren Anfangsjahren betrieb sie weltweit Niederlassungen, wie auch das Palästinaamt in der Berliner Meinekestraße 10. Eine Adresse, die sich in das Gedächtnis deutscher Juden, die dem nationalsozialistischem Terror ausgesetzt waren, eingebrannt hat. Es war ein Ort, an dem über Leben oder Tod entschieden wurde. Bekam man hier nach Zahlung von 1.000 britischen Pfund ein Kapitalisten-Zertifikat oder durfte auf Hachschara gehen (landwirtschaftliche oder handwerkliche Ausbildungsstätte, die Jugendliche auf die Besiedlung Palästinas vorbereitete), konnte das die Rettung bedeuten. Bis zu seiner Schließung durch die Gestapo 1941 wanderten mit Hilfe des Palästinaamtes 50.000 Menschen in das heutige Israel aus.

Unter dem Namen Jewish Agency for Israel ist sie seit der Staatsgründung* die offizielle Einwanderungsbehörde. Noch heute ist ihr wichtigstes Anliegen, Juden zur Immigration zu bewegen. In unzähligen Ländern unterhält sie Büros und in Israel Aufnahmezentren, zudem wirkt sie unterstützend bei der Integration der Einwanderer (hebräisch: Olim). Und nach wie vor finanziert sie sich durch Spenden.

CAMP DAVID I/FRIEDEN MIT ÄGYPTEN

Vor den Kameras der Weltöffentlichkeit bekräftigten am 26. März in Washington die Staatschefs Menachem Begin* und Anwar al-Sadat mit einem Händedruck die Unterzeichnung eines Friedensvertrages. Ein halbes Jahr zuvor, am 5. September 1978, hatten sie auf Einladung des amerikanischen Präsidenten Jimmy Carter in dessen Privatsitz Camp David mit ihren Verhandlungen begonnen, und so war es nur logisch, dass er sich auf den Fotos als strahlender Dritter zeigte. Immerhin war dieser Tag als historisch zu betrachten: Beendete er doch den über 30 Jahre währenden Kriegszustand zwischen Israel und Ägypten.

Menachem Begin, Jimmy Carter und Anwar al-Sadat (von rechts) nach der Unterzeichnung des Friedensvertrages in Washington (1979)

Bereits am 10. Dezember 1978 waren Begin und Sadat dafür mit dem Friedensnobelpreis ausgezeichnet worden. In der Geschichte der seit 1901 verliehenen Würdigung wurde diese Ehre erstmals einem Israeli und erstmals einem Ägypter zuteil.

MAGEN DAVID ADOM

Vor fünfzig Jahren, am 7. Juni 1930, taten sich auf Initiative einer Krankenschwester einige Ärzte, Mitglieder der Untergrundorganisation Haganah und Privatpersonen zusammen, um in Tel Aviv eine medizinische Hilfsorganisation zu gründen. Schon fünf Jahre später wurde daraus ein landesweiter Verband und seit 1950 trägt der Magen David Adom (hebräisch für Roter Schild Davids) qua Knesset-Gesetz die Verantwortung für Notfallrettung, Krankentransporte, Blutspende-Dienste.

Weil jedoch sein Symbol der Rote Davidstern war – und damit abwich von den durch die Genfer Konventionen festgelegten Zeichen –, wurde der Magen David Adom von der Internationalen Rotkreuz- und Rothalbmond-Bewegung (IKRK) erst 2006 als nationale Hilfsorganisation anerkannt.

JOSEPH TRUMPELDOR

»Macht nichts, es ist gut, für unser Land zu sterben«, waren Joseph Trumpeldors letzte Worte, als er am 1. März 1920 bei einem Gefecht mit Arabern tödlich getroffen wurde. Seitdem gilt der am 3. Dezember vor hundert Jahren im russischen Pjatigorsk geborene Zionist als Symbol der jüdischen Selbstverteidigung. Das Datum seines Todes, der 11. Adar (Mitte Februar bis Mitte März), ist ein Gedenktag und sein Ausspruch das Leitmotiv der Israel Defense Forces*.

1902 war er in die russische Armee eingetreten und schon bald der am häufigsten ausgezeichnete jüdische Soldat (verlor jedoch während eines Kampfes seinen linken Arm durch ein Schrapnell) und 1906 der erste jüdische Offizier. Fünf Jahre später machte er Aliyah und lebte zeitweise im Kibbuz Degania Alef*.

Mit Beginn des Ersten Weltkrieges zog er nach Ägypten und schloss sich dem russischen Zionisten Wladimir Ze'ev Jabotinsky an, um den Einsatz der Jüdischen Legion auf Seiten der Briten voranzutreiben. Daraus entstand 1915 das Zion Mule Corps, die erste vereinigte jüdische Armee und somit auch Basis der israelischen Streitkräfte.

Wieder in Russland engagierte er sich verstärkt für HeHaluz (hebräisch für Der Pionier), eine Organisation, die Jugendliche auf ihre Aliyah vorbereitete. Er selbst kehrte 1919 nach Palästina zurück, wo er ein Jahr später mit sieben seiner Soldaten bei der Verteidigung des obergaliläischen Tel Chai fiel und auch beerdigt wurde. Die Stadt Kiryat Shmona (hebräisch für Siedlung der Acht) ist nach ihnen benannt.

Der Nationalheld lebt nicht nur in zahlreichen Gedichten und Geschichten weiter, sein Name ist auch an anderer Stelle unsterblich geworden: Der 1902 angelegte und später nach ihm benannte Trumpeldor Friedhof in Tel Aviv wurde zu einem walk of fame der israelischen Historie. Grabsteine der Zionisten Max Nordau, Menachem Sheinkin, Chaim Arlosorov* und Dov Hoz*, der Poeten Chaim Nachman Bialik und Saul Tchernichovsky und natürlich des Bürgermeisters Me'ir Dizengoff* findet man an diesem Ort, der nicht nur mitten in der Stadt, sondern selbstverständlich an der Trumpeldor Street liegt. Verlässt man ihn, trifft man rundherum alle Namen der Grabsteine wieder – in Form von Straßenschildern.

OPERATION OPERA

Vom Luftwaffenstützpunkt Etzion im damals unter Israels Kontrolle stehenden Sinai starteten am Nachmittag des 7. Juni acht Kampfjets mit jeweils zwei 1.000-Kilogramm-Bomben an Bord. Ihnen folgten als Schutz sechs weitere Jagdflugzeuge. Ihr Ziel war der irakische Atomreaktor Tammus-1, auch bekannt als Osirak.

Die Piloten überflogen Jordanien und Saudi-Arabien und verständigten sich auf der 1.100 Kilometer langen Route auf Arabisch, um die Flugabwehr der feindlichen Länder zu täuschen. Neunzig Minuten später ließen sie ihre Fracht fallen, zerstörten binnen zweier Minuten den Reaktor, töteten dabei auch elf Menschen und flogen zurück zur Basis. Operation Opera war abgeschlossen. Erst nach seinem Tod wurde bekannt, dass einer der Kampfjet-Piloten, der nicht nur der jüngste war, sondern auch jener, der den Kurs des Fluges geplant hatte, der spätere Astronaut Ilan Ramon* war.

Mit dem Flug Richtung Bagdad, der auf dem heutigen ägyptischen Flughafen Taba begann und endete, wurde Israel das erste Land, das die Atomanlage eines anderen Staates angegriffen hatte. Mit der Vernichtung des noch nicht in Betrieb genommenen Reaktors stellte es sicher, dass es das einzige im Nahen Osten blieb, das über ein nukleares Waffenprogramm verfügte. Allerdings hat sich die Regierung nie offen geäußert zu ihrem Nuclear Research Center, das dank französischer Unterstützung Ende der fünfziger Jahre im nördlichen Negev erbaut worden war.

Wie weit die dortige Entwicklung nuklearer Sprengköpfe auch fortgeschritten war, Osirak stellte eine klare Aufrüstung im atomaren Wettlauf dar. Der damalige

Ministerpräsident Menachem Begin* begründete die Operation Opera deshalb mit den Worten: »Wir mussten handeln, um unser Volk zu retten.«

MOSHE DAYAN

Die schwarze Augenklappe – sie ist das markante Merkmal, das man mit dem Namen Moshe Dayan assoziiert. Er trug sie, seit er als 26-Jähriger bei einem Gefecht im Libanon getroffen wurde und die Splitter seines Fernglases das linke Auge zerstörten.

Kämpfer – oder auch »tapferer Krieger«, wie ihn David Ben Gurion* bezeichnete – war der am 20. Mai 1915 im Kibbuz Degania Alef* geborene Sohn ukrainischer Einwanderer fast sein ganzes Leben lang, ob in diplomatischer Mission oder in seinen Jahren als Soldat. Schon mit 14 schloss er sich der gegen die britische Mandatsregierung agierenden Haganah an und wurde deshalb 1939 zu einer zweijährigen Haftstrafe verurteilt. Kurz nach seiner Entlassung verlor er sein Auge, was ihn nicht davon abhielt, während des Unabhängigkeitskrieges* an der Front zu stehen und die Städte Ramle und Lod zu erobern. Nach dem Sinai-Krieg* wurde er als Generalstabschef und Oberkommandierender der Streitkräfte endgültig zum Nationalhelden.

Als er drei Jahre später den Dienst quittierte, begann seine politische Karriere als Landwirtschafts- und ab 1967 als Verteidigungsminister. Ein Amt, das er nach dem Yom-Kippur-Krieg*, in dem man ihm schwere Planungsfehler vorwarf, 1974 aufgeben musste. Doch

mit einem alle ideolo-
gischen Grenzen über-
schreitenden Wechsel
von der Arbeiterpartei
Mapai zu dem konser-
vativen Likud kehrte er
zurück auf die politische
Bühne, wurde 1977 für
zwei Jahre Außenmi-
nister und in dieser Ei-
genschaft Wegbereiter
für die Verhandlungen
zu Camp David I*. Aus
dem Kriegshelden war
ein Verfechter für den
Frieden mit Ägypten*
geworden.

Moshe Dayan, der
mit seiner Frau Ruth,
Gründerin des Mode-

Moshe Dayan (1915-1981), Generalstabschef und Außenminister

Unternehmens Maskit*, drei Kinder hatte, war eine der
berühmtesten, aber auch umstrittensten Persönlichkei-
ten Israels. Während die einen ihn wegen seines bedin-
gungslosen Engagements und seiner geistigen Qualitä-
ten verehrten, galt er den anderen als rücksichtsloser
Zyniker und gewissenloser Auftraggeber illegaler Ausgrabungen. Manches Fundstück soll in seinen Privat-
besitz übergegangen und später an den Staat verkauft
worden sein.

Am 16. Oktober starb er in Tel Aviv. Sein Grab liegt
in dem von seinen Eltern mitgegründeten Moshav (genossenschaftlich organisierte Ansiedlung) Nahalal.

1982

Nach ihrer Vertreibung aus Jordanien hatte sich die Palestinian Liberation Organisation* im südlichen Libanon etabliert und dort einen Staat im Staate errichtet. Mit Raketen und eingeschleusten Selbstmordattentätern ging sie auch weiterhin gegen Israel vor. Am 14. März 1978 reagierte dessen Armee mit der Operation Litani und tötete oder vertrieb palästinensische Kämpfer aus dem Grenzgebiet. Ein Ende der Angriffe aus dem Norden brachte diese Aktion nicht.

Anfang Juni 1982 verübte eine von der PLO abgespaltene Terrorgruppe einen Anschlag auf den israelischen Botschafter in London, woraufhin Verteidigungsminister Ariel Sharon* am 4. Juni PLO-Stellungen bombardieren ließ. Um eine Sicherheitszone zu schaffen, war die ursprüngliche Vorgabe dieses Einsatzes das Zurückdrängen der Palästinenser auf 40 Kilometer jenseits der Grenze. Doch während der Kampfhandlungen veränderten sich die Ziele: Die Bodentruppen, unterstützt von Marine und Luftwaffe, nahmen – obwohl die Basen der PLO bereits zerstört und ihre Anhänger geflohen waren – ein weit größeres Gebiet ein und besetzten auch Beirut, wo sich der Führungsstab um Yassir Arafat* aufhielt. Nach Intervention der USA wurde am 21. Mai ein Waffenstillstand sowie der Abzug sämtlicher PLO-Kämpfer und ihrer Verbündeten Richtung Tunis vereinbart.

Für Israel bedeutete der Ausgang der militärischen Auseinandersetzung nur vordergründig einen Sieg. Das Land hatte – anders als in den vorherigen Konflikten mit Ausnahme des Sechs-Tage-Krieges* – die Rolle des Aggressors übernommen. Darüber hinaus waren Israels Truppen Teil des libanesischen Bürgerkrieges geworden, der von wechselnden Koalitionen aus Christen, Schiiten und Sunniten geführt wurde.

Der Sinn dieses Ersten Libanon-Krieges blieb umstritten, die traumatischen Erlebnisse einiger Soldaten waren der Stoff, aus dem der computeranimierte und oscarnominierte Film »Waltz with Bashir« entstand.

MASSAKER VON SABRA UND SHATILA

Um den gewaltsamen Tod des erst kurz zuvor gewählten maronitisch-katholischen Präsidenten des Libanon, Bashir Gemayel, zu rächen, drangen am 16. September christliche Milizen in die südlich von Beirut gelegenen palästinensischen Flüchtlingslager Sabra und Shatila ein. Sie suchten die Attentäter und töteten unzählige Zivilisten. Ihre Zahl ist unbekannt, Schätzungen gehen von 500 bis 1.500 Opfern aus.

Israelische Soldaten, unter deren Besatzung das Gebiet zu diesem Zeitpunkt noch stand, waren nicht beteiligt, schritten allerdings auch nicht ein, um das Massaker zu verhindern. Die Abscheu darüber war groß, international wie national. Wenige Tage später gingen Hunderttausende in Tel Aviv auf die Straße und forderten die Bestrafung der Verantwortlichen. Der amtierende Verteidigungsminister Ariel Sharon* musste daraufhin 1983 zurücktreten. Sabra und Shatila wurden für die Kritiker des Staates zum Synonym der Brutalität des israelischen Militärs.

KINDER- UND JUGEND-ALIYAH

Am 30. Januar jährte sich zum fünfzigsten Mal jener Tag, an dem die Lehrerin und Dichterin Recha Freier mit der Gründung der Kinder- und Jugend-Aliyah die ersten Schritte einleitete zur Rettung Tausender jüdischer Jugendlicher vor der Verfolgung und Deportation durch die Nationalsozialisten. Dass sie die Hilfsorganisation am Tag der Machtergreifung Hitlers ins Leben rief, war kein Zufall.

Ein Erlebnis im Jahre 1932 – fünf 16-jährige Juden hatten aufgrund ihres Glaubens ihre Arbeit verloren und baten die Zionistin um Unterstützung bei der Auswanderung nach Palästina – war der Anstoß für ihr Engagement. Noch im selben Jahr gelang es ihr, Gruppen in das von dem Berliner Arzt Siegfried Lehmann* aufgebaute Jugenddorf Ben Shemen zu schicken. Fortan verhalf sie Jugendlichen zur Emigration, auch weil sie selbst in der friesischen Stadt Norden, wo sie am 29. Oktober 1892 zur Welt kam, und später in Niederschlesien antisemitische Anfeindungen erlebt hatte.

Ihre eigenen drei Söhne gingen mit ihrem Mann, einem Rabbiner, den sie 1919 geheiratet hatte und ihm erst nach Sofia und 1926 nach Berlin gefolgt war, Ende der dreißiger Jahre nach London. Sie hingegen entschied sich, mit ihrer Tochter so lange in Deutschland zu bleiben, wie es ihr möglich war, Kinder und Jugendliche nach England in Pflegefamilien zu vermitteln oder aber nach Palästina in einen Kibbuz. Die notwendigen Reisepapiere für deren Aliyah, was übersetzt Aufstieg bedeutet und die Einwanderung in das Gelobte Land bezeichnet, soll sie nicht immer auf legalem Wege beschafft haben.

1940 wurde Recha Freier denunziert. Früh genug

gewarnt, gelang ihr mit Tochter Maayan und mehr als hundert Kindern die Flucht über Syrien nach Palästina, wo die Philologin in den folgenden Jahren weitere Hilfsorganisationen und Stiftungen ins Leben rief. Am 29. Oktober 1984 starb sie in Jerusalem.

Ihr Pendant in Palästina war die am 21. Dezember 1880 im amerikanischen Baltimore geborene Erzieherin Henrietta Szold. Bereits 1912 hatte sie eine Frauenorganisation gegründet, die sich ab 1914 Hadassah nannte und die gleichnamigen Hospitäler in Jerusalem finanzierte. Dort starb die 1920 eingewanderte Zionistin, nachdem sie lange die Kinder- und Jugend-Aliyah geleitet hatte, am 13. Februar 1945.

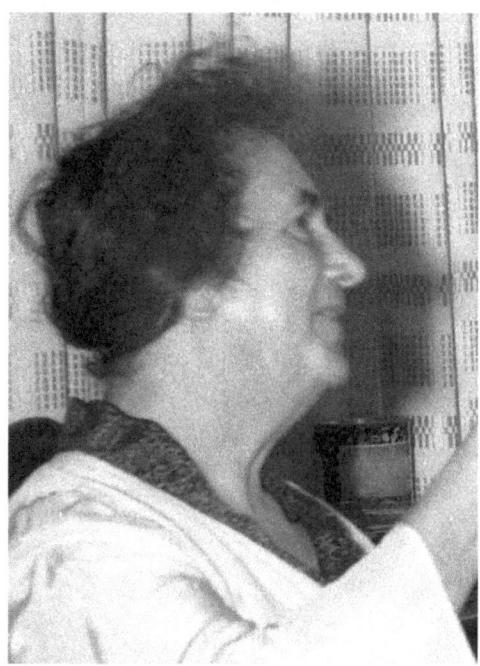

Recha Freier (1892-1983), Gründerin der Kinder- und Jugend-Aliyah in Berlin

1983

SAR EL

In den Sommermonaten des Jahres 1982 hatte der Erste Libanon-Krieg* das Land beherrscht. Da auch die Reservisten eingezogen waren, blieben ihre Felder unbearbeitet, die Ernte schien gefährdet. Aharon Davidi, ehemaliger General der Israel Defense Forces*, erkannte das Problem und rekrutierte über jüdische Organisationen in den USA innerhalb kürzester Zeit rund 650 Freiwillige für militärische Hilfseinsätze, sodass insbesondere Kibbuzniks in die Landwirtschaft zurückkehren konnten.

Die Idee für ein Freiwilligenprogramm bei der Armee war geboren, und im Frühjahr 1983 gründete sich Sar El (hebräisches Akronym für Dienst für Israel). Seitdem arbeiten jährlich mehrere tausend jüdische und nichtjüdische Volontäre aus aller Welt drei Wochen lang auf israelischen Militärbasen in Bereichen wie Instandsetzung und Materialverwaltung, unbezahlt und in Uniformen der Soldaten und Soldatinnen, nie jedoch an oder mit Waffen.

Mit diesem Angebot, inzwischen unterstützt durch ein begleitendes Informationsprogramm über Land und Leute, ist Israel der einzige Staat, der Zivilisten eine – selbstverständlich begrenzte, Angaben über Stationierung wie auch Fotos sind verboten – Innenansicht seiner Streitkräfte gestattet.

MOSHE FELDENKRAIS

Wenn man die spektakulären Auswirkungen seiner Methode nennen wollte, dann wäre das Foto des
unsportlichen und trotzdem am Strand von Herzliya
kopfstehenden Premierministers David Ben Gurion*
das berühmteste Beispiel. Spätestens mit dieser 1957
entstandenen Aufnahme des damals knapp 70-jährigen
Politikers wurde die Lehre des Moshe Feldenkrais weltberühmt. Bewies sie doch, was auch Gehirnforscher inzwischen bestätigen: dass Körper und Geist eine Einheit
bilden und das Gehirn durch bestimmte Bewegungsab-
läufe beeinflusst werden kann.

Weit wichtiger als der legendäre Kopfstand war jedoch die Tatsache, dass Feldenkrais den Staatschef nach-
haltig von dessen quälenden Rückenschmerzen befreien
konnte. Auch wenn die etwas rustikale First Lady Paula
Ben Gurion ihn abschätzig als »Mr. Hokuspokus« bezeichnete, so war der am 6. Mai 1904 im ukrainischen
Slawuta Geborene keineswegs ein Scharlatan.

1919 immigrierte er, arbeitete im Straßenbau und
lernte Jiu Jitsu, weil er sich wiederholt gegen arabische
Angreifer wehren musste. Als 23-Jähriger legte er in
Tel Aviv sein Abitur ab, ging 1930 nach Paris, studierte
Elektrotechnik und Mechanik, war im Labor der Che-
mie-Nobelpreisträger Irène und Frédéric Joliot-Curie
beschäftigt und wurde Judoka. 1940 zog er nach Schott-
land und arbeitete im Bereich der Sonartechnik.

Zehn Jahre später kehrte er nach Israel zurück, wo
er seine Bewegungslehre weiterentwickelte. Heute wird
die Feldenkrais-Methode in den unterschiedlichsten
Bereichen angewandt, beispielsweise in der Arbeit mit
Behinderten. **109**

Als ihr Begründer am 1. Juli in Tel Aviv starb, in der Frug Street erinnert eine Tafel an seinem Wohnhaus an ihn, hatte er nicht nur David Ben Gurion von ihrer positiven Wirkung überzeugt. Auch Moshe Dayan*, Shimon Peres* und der Geiger Yehudi Menuhin sollen unter seinen Klienten gewesen sein.

ÄTHIOPISCHE EINWANDERER

Juden, die aus dem hungernden Äthiopien in den Sudan geflohen waren und dort in Lagern lebten, nach Israel bringen – so lautete der Auftrag der Operation Moses, die allerdings im Verborgenen stattfinden musste.

Mit der belgischen Trans European Airways, die mehrfach Pilger nach Mekka geflogen hatte und somit unauffällig war, fand man eine neutrale Fluggesellschaft. Allerdings konnte keine direkte Route geflogen werden, da sie durch den ägyptischen Luftraum geführt hätte und die Geheimhaltung damit nicht mehr gewährleistet gewesen wäre. Man entschied sich daher für einen Umweg über Brüssel, der belgische Premierminister gab sein Einverständnis. So konnten ab dem 21. November (und bis zum 5. Januar des Folgejahres) in rund 30 Einsätzen 6.364 Falashas, sie selbst nennen sich Beta Israel (Haus Israel), ausgeflogen werden.

Als sich jedoch ein israelischer Minister zu offen über die Aktion geäußert hatte, sah sich Ministerpräsident Shimon Peres* gezwungen, auf einer Pressekonferenz Stellung zu beziehen. Noch am selben Tag entzog Sudans Regierung die Landeerlaubnis, nachdem sie von arabischen Ländern dazu aufgefordert worden war.

Zurück blieben etwa 1.000 Äthiopier jüdischen Glaubens, von denen dank der Unterstützung des US-Vizepräsidenten George Bush im März 1985 weitere 800 Aliyah machen konnten. Mithilfe von sechs Transportmaschinen der amerikanischen Luftwaffe war somit eine zweite Rettungsaktion, die Operation Joshua, geglückt.

Doch noch immer warteten in Äthiopien Juden auf ihren Auszug in das Heilige Land. Am 24. Januar 1991 war es dann soweit: In einem kurzen Machtvakuum – Diktator Mengistu Haile Mariam war geflohen, die Rebellen standen bereits wenige Kilometer vor der Hauptstadt Addis Abeba – mussten binnen 34 Stunden 14.324 Menschen ausgeflogen werden. Transportflugzeuge der Israel Defense Forces* und El Al-Maschinen landeten im 30-Minuten-Takt. Zum Ende der geheimen Operation Salomon startete ein Jumbo-Jet, der im Normalfall über 480 Sitze verfügt, die wie in allen anderen beteiligten zivilen Maschinen gegen Matratzen ausgetauscht worden waren, mit 1.086 Menschen an Bord – ein Weltrekord in der Luftfahrtgeschichte. In Tel Aviv landete er mit 1.087 Passagieren, unterwegs war ein Baby geboren worden.

Mit der Operation Taubenflügel schließlich wurden von November 2011 bis August 2013 nochmals knapp 8.000 Menschen aus der nordäthiopischen Stadt Gondar ausgeflogen, wo sie in einem Transitlager versorgt und auf ihre Emigration vorbereitet worden waren.

Die Eingliederung dieser afrikanischen Einwanderer gestaltete sich schwierig; zu groß waren die kulturellen Unterschiede. Zwar waren sie 1975 von dem sephardischen Oberrabbiner als Nachkommen des Stammes Dan, einem der zwölf Stämme Israels, anerkannt worden und fielen somit unter das Rückkehr-Gesetz*, doch ihre archaische, durch strenge Rituale geprägte Form des praktizierten Judentums unterschied sich stark von dem der Orthodoxen. Deshalb mussten alle Beta Israel-Angehörigen einen Konversionskurs absolvieren.

Nach Jahren in Auffanglagern leben noch heute viele von ihnen in Armenvierteln und leiden unter Diskriminierung. Erst langsam wird diese aufgebrochen, etwa durch die Juristin Pnina Tamano-Schata, die als erste äthiopischstämmige Frau in die Knesset gewählt wurde. Mit Vater und Geschwistern war sie in der Operation Moses in das Land gekommen.

Während der Operation Salomon wurden in 34 Stunden über 14.000 äthiopische Juden ausgeflogen, auch in Maschinen der Luftwaffe (1991)

ÖSTERREICHISCHES HOSPIZ

Ein Stück Sachertorte ist wohl das Letzte, was der Besucher inmitten des arabischen Viertels der Jerusalemer Altstadt erwartet. Und doch bietet das Wiener Kaffeehaus im Österreichischen Hospiz nicht nur diese Spezialität, sondern auch Spätzle und Schnitzel – nach einer wechselvollen Geschichte seit Juli 1985 auch wieder aus österreichischer Hand.

Gebaut wurde das Hospiz auf Wunsch des Kaisers Franz Joseph, der sich, nachdem es 1847 unter Papst Pius IX. zu einer Wiederbelebung des Jerusalemer Patriarchalsitzes kam, entschieden hatte, auch in diesem Teil des osmanischen Reiches österreichische Präsenz zu zeigen. Am 19. März 1863 öffnete das im Stil eines Stadtpalais erbaute Haus seine Pforten und bot fortan Pilgern auf ihren Reisen durch das Heilige Land mitteleuropäische Gastfreundschaft. Auch der Kaiser logierte 1869 bei der Eröffnung des Suez-Kanals in dem an der Via Dolorosa gelegenen Pilgerheim.

Mit Ende des Ersten Weltkrieges verlor das Hospiz seine ursprüngliche Bestimmung. Von den Engländern requiriert, diente es erst als anglikanisches Waisenhaus und ab Beginn des Zweiten Weltkrieges als Internierungslager für die in Palästina ansässigen deutschen Priester. Anfang 1948 wandelte man es in ein Lazarett um, das nach Abzug der Briten im Mai für einige Monate vom Roten Kreuz und ab Oktober von der jordanischen Regierung verwaltet wurde.

Im Sechs-Tage-Krieg* fiel die Altstadt Jerusalems an den Staat Israel, der das Haus 1985 an den Erzbischof von Wien zurückgab. Erneut wurde es von der katholischen Kirche als Gästehaus genutzt, bis in Zeiten der

113

Ersten Intifada* die Reisenden ausblieben. Inzwischen jedoch ist das prächtige Domizil mit Dachterrasse und Garten meist ausgebucht: Im Gewusel der Altstadt ist es – mit einer original österreichischen Melange – eine Oase der Ruhe.

Das 1863 in der Jerusalemer Altstadt eröffnete Österreichische Hospiz war auch Waisenhaus, Internierungslager und Lazarett

OPERATION WOODEN LEG

Vorausgegangen war sechs Tage zuvor ein Anschlag auf die Yacht dreier Israelis vor der Küste von Zypern, zu dem sich eine Gruppe der Palestinian Liberation Organisation* bekannte. Israels Regierung beschloss daraufhin den Gegenschlag: Am frühen Morgen des 1. Oktober starteten acht Kampfjets sowie zu ihrer Deckung acht weitere Jagdflugzeuge – eine ähnliche Staffel war schon 1981 Richtung Bagdad geflogen, um in der Operation Opera* den irakischen Atomreaktor zu zerstören – in Richtung Tunis, um das PLO-Hauptquartier anzugreifen. Da das Ziel über 3.000 Kilometer entfernt lag, mussten die Kampfjets mehrfach in der Luft durch die begleitenden Flugzeuge aufgetankt werden. Ein Schiff der israelischen Marine stand vor Malta, um eventuell abgeschossene Piloten per Helikopter zu retten.

Ohne von der Abwehr aufgehalten zu werden, wurde das Ziel attackiert. PLO-Führer Yassir Arafat* hielt sich zu dem Zeitpunkt nicht dort auf. Dennoch feierte Israel die Operation Wooden Leg als Erfolg, weil 60 PLO-Aktivisten getötet wurden, darunter auch Mitglieder der Force 17, die für den Angriff auf die israelischen Touristen vor Zypern verantwortlich war.

Nach Protesten von arabischer Seite verurteilte der UN-Sicherheitsrat die Aktion. Israel hingegen rechtfertigte sie mit Verweis auf zurückliegende Anschläge. Letztendlich aber diente sie wohl in erster Linie als Abschreckungsmaßnahme.

1986

Spionage, Kidnapping und die Enthüllung des Staatsgeheimnisses Nummer eins – die Geschichte hatte alle Ingredienzen eines Krimis, in dessen Mittelpunkt Mordechai Vanunu stand.

Noch bevor die englische Sunday Times die ihr von dem Whistleblower Vanunu zugespielten Informationen Anfang Oktober veröffentlichte, wurde dieser von einer Mossad*-Agentin nach Rom gelockt, dort am 30. September von dem Geheimdienst entführt und auf dem Seeweg nach Israel gebracht. Wochenlang bestritt die Regierung in Jerusalem, Kenntnis von seinem Aufenthaltsort zu haben. Doch dann gelang es Mordechai Vanunu, der wenige Monate zuvor in Australien zum Christentum konvertiert war und sich nun John Crossman nannte, auf sich aufmerksam zu machen. In einem Polizeiwagen sitzend hielt er Journalisten seine Handinnenfläche hin, auf der geschrieben stand: »Vanunu M was hijacked in Rome ITL 30. 9. 86 came to Rome by BA Fly 504«.

Der am 13. Oktober 1954 geborene Sohn marokkanischer Einwanderer hatte von 1976 bis zu seiner Entlassung 1985 im Nuclear Research Center in Dimona gearbeitet – eine Anlage, die offiziell gar nicht existierte. In den fünfziger Jahren war sie in großer Heimlichkeit aus Frankreich importiert, im Negev installiert und als Textilfabrik deklariert worden. Tatsächlich aber arbeiteten hier Wissenschaftler an einem Atomwaffenprogramm. Was von offizieller Seite nicht nur immer bestritten wurde, sondern auch als absolutes Tabuthema galt. Der Inhalt der von Vanunu im Werk gestohlenen Unterlagen war jedoch längst ein offenes Geheimnis.

Wegen Landesverrat und Spionage wurde er 1988

zu 18 Jahren Gefängnis verurteilt, von denen er elf in Einzelhaft verbringen musste. Als er 2004 vorzeitig entlassen wurde, geschah dies unter strengen Auflagen: Er durfte das Land nicht verlassen, sich keiner ausländischen Botschaft nähern und nicht mit internationalen Journalisten sprechen. Weil er trotzdem immer wieder Interviews gab, wurde er noch mehrfach inhaftiert. 2015 heiratete er eine Theologin aus Oslo, seinen Antrag auf Asyl hatte Norwegen allerdings schon 2005 abgelehnt.

VERSCHLEPPUNG RON ARAD

Nur wenige Tage nach dem mysteriösen Verschwinden Mordechai Vanunus* beschäftigte die Öffentlichkeit ein zweites ungeklärtes Schicksal: Ron Arad, der als Navigator seines Kampfflugzeuges am 16. Oktober über dem Libanon abgeschossen wurde, hatte sich zwar mit dem Piloten per Schleudersitz retten können, doch während Letzterer von der israelischen Armee in Sicherheit gebracht wurde, verschleppten schiitische Milizen Arad. Von diesem Moment an verlor sich seine Spur.

Für viele Jahre wurde der am 5. Mai 1958 in der Sharonebene geborene Captain der Luftwaffe, der seine Frau mit einer erst 15 Monate alten Tochter zurückließ, zum Gegenstand unzähliger – ergebnisloser – Verhandlungen: mit der Miliz, mit der libanesischen Hisbollah und später auch mit der Regierung des Iran, in dem der Israeli angeblich festgehalten wurde.

Heute geht man davon aus, dass Ron Arad zwischen 1988 und 1997 starb. 2008 wurde er für tot erklärt. **117**

AMCHA

Man sprach nicht darüber, wollte es nicht, konnte es nicht. Die Zeit der Verfolgung und Todesangst während des Nationalsozialismus wurde von vielen der Überlebenden verdrängt. Hilfe, ob psychologische oder wirtschaftliche, gab es ohnehin nicht. Bis bei den Traumatisierten, als sie älter wurden und sich nicht mehr durch Arbeit ablenken konnten oder den Verlust eines Familienmitgliedes, meist den des Ehepartners, erleben mussten, die Erinnerungen in das Bewusstsein drängten und seelische Zusammenbrüche, Angstzustände und Depressionen die Folge waren.

Einige dieser Betroffenen taten sich zusammen und gründeten in Jerusalem am 11. September Amcha (hebräisch für eine/einer von uns): die erste Organisation von Shoah-Überlebenden für Shoah-Überlebende. Eine Gemeinschaft von Menschen, die sich nicht erklären müssen, weil alle das gleiche Schicksal teilen. Für viele von ihnen wurde Amcha zu einer zweiten Familie. Und erstmals wurden ihnen spezielle Therapien für Traumatisierte angeboten.

30 Jahre später beschäftigt Amcha in landesweit 15 Zentren rund 400 Psychologen, dazu kommen 900 freiwillige Helfer. Denn die Zahl der Hilfesuchenden steigt. Mehr als 20.000 Menschen betreut die Organisation derzeit jährlich: Opfer der Shoah, von denen 175.000 (Stand 2017) in Israel leben, wie auch deren nachfolgende Generationen, die, wie man heute weiß, geprägt sind durch die Traumata der Eltern und Goßeltern.

ERSTE INTIFADA

Es war ein schwerer Autounfall, der die jahrelang anhaltenden gewaltgeladenen Ausschreitungen der Ersten Intifada (arabisch für Erhebung, Abschüttelung) auslöste: Unweit des Grenzüberganges Erez (zwischen Israel und dem Gaza-Streifen) stieß am 8. Dezember ein israelischer Lastwagen mit zwei palästinensischen Fahrzeugen zusammen, deren vier Insassen starben. Das schnell verbreitete Gerücht, es handele sich um einen Vergeltungsakt für einen im Gaza-Streifen ermordeten Israeli, führte zu anfangs noch friedlichen Protesten und nur vereinzelten Ausschreitungen, die jedoch – auf beiden Seiten – in einer Spirale der Gewalt endeten.

Die Lage in den palästinensischen Gebieten galt ohnehin als angespannt. Seit dem Sechs-Tage-Krieg* war eine neue Generation herangewachsen, die nichts anderes kannte als ein Leben unter den Besatzern. Aufgemischt von der neugegründeten palästinensischen Hamas-Bewegung, die von den meisten europäischen Staaten als terroristische Organisation eingestuft wird (ihr Ziel ist die Vernichtung Israels), entluden sich Frust und Verzweiflung der Jugendlichen. Mit selbstgebastelten Molotowcocktails, vor allem aber Steinen gingen sie gegen israelische Soldaten und Siedler vor, weshalb die Erste Intifada auch als Krieg der Steine bezeichnet wird.

Die israelische Seite reagierte auf die Angriffe mit aller Härte. Verteidigungsminister Yitzhak Rabin* wird der Aufruf »Brecht ihnen die Knochen« zugeschrieben. Und tatsächlich setzten seine Soldaten ihre Schlagstöcke mit großer Brutalität ein. Die Zahl der Verletzten und Toten war auf palästinensischer Seite weit höher als auf israelischer. Dies ist allerdings auch der Tatsache zuzuschreiben, dass die palästinensische Gesellschaft extremen Druck auf ihre Mitglieder ausübte, sich dem Kampf anzuschließen durch Boykott israelischer Waren, Streiks und Ladenschließungen, sodass Morde an angeblichen oder tatsächlichen Kollaborateuren keine Seltenheit waren.

Die gewalttätigen Ausschreitungen endeten erst 1993 mit dem Oslo I-Abkommen*.

In Ermangelung anderer Waffen schleuderten jugendliche Palästinenser während der Ersten Intifada Steine auf Israelis (1988)

MARCH OF THE LIVING

Yom HaShoah*, der am 27. Nisan (erster Monat des jüdischen Kalenders, Mitte März bis Mitte April) stattfindende Erinnerungstag, fiel 1988 auf den 14. April. Erstmals sammelten sich an diesem Donnerstag, organisiert von einer israelischen Initiative, Menschen aus aller Welt an dem Tor mit der zynischen Inschrift »Arbeit macht frei«, um in Erinnerung an die Opfer der Shoah die drei Kilometer von Auschwitz nach Birkenau zu gehen.

Der Marsch der Lebenden sollte im Kontrast stehen zu den Todesmärschen, auf die völlig entkräftete Lagerinsassen von den SS-Wachmannschaften geschickt wurden, als das Kriegsende absehbar war und man die Konzentrationslager auflöste, um die Spuren der Verbrechen zu beseitigen – allein in Auschwitz und seinen Nebenlagern wurden 1,1 Millionen Menschen ermordet. Weil das größte Konzentrationslager als Synonym für das Grauen der Shoah gilt, wurde es als Ausgangspunkt für den Marsch gewählt.

Seitdem kommen jedes Jahr am Yom HaShoah Tausende Teilnehmer zu der weltweit größten Gedenkfeier dieser Art, die gleichzeitig ein Zeichen des Triumphes über den Vernichtungswahn der Nationalsozialisten setzen soll. Während des Marsches hüllen sich viele der meist Jugendlichen, ob aus Israel oder einer der anderen 50 teilnehmenden Nationen, ob jüdisch oder nicht, in die Fahne mit dem Davidstern.

1988

WOMEN OF THE WALL (WOW)

Am Morgen des 1. Dezember kamen israelische Feministinnen an der Klagemauer zusammen, um mit Talit, Tefilin und Torarolle einen öffentlichen Gottesdienst abzuhalten. Ein Skandal für ultrafromme Juden, denn das Tragen des Gebetsschals und der Gebetsriemen sowie das Lesen aus der jüdischen Bibel ist Frauen laut orthodoxer Tradition nicht gestattet.

Ein 1989 ergangenes Urteil, das bestätigte, dass diese Art der religiösen Zeremonie an der heiligen Stätte die Gefühle der Gläubigen verletze, akzeptieren die Women of the Wall nicht: An jedem Rosh Hodesh, dem ersten Tag des Monats im jüdischen Kalender, treffen sie sich dort zu Gruppengebet und Tora-Lesung und sind dabei immer wieder verbalen und auch gewalttätigen Angriffen der Orthodoxen ausgesetzt.

Anfang des Jahrtausends entschied das Oberste Gericht, dass Frauen grundsätzlich das Recht haben, an der Klagemauer (hebräisch: Kotel) zu beten, jedoch nicht in der Form, wie es die Women of the Wall praktizierten. Stattdessen verwies man sie an den nahen Robinson-Bogen, an dem Männer und Frauen gemeinsam beten dürfen. Da WOW dies ablehnte und weiterhin für einen Platz an der Kotel kämpfte sowie die Anerkennung ihrer Gottesdiente für alle jüdischen Frauen, ob orthodox oder liberal, versuchte es die Regierung 2016 mit einem Kompromiss: Das Gebiet am Robinson-Bogen sollte verdoppelt und der Zugang zur Mauer für alle Beter derselbe werden, um ihre Gleichstellung zu demonstrieren.

Das wiederum missfiel den Ultraorthodoxen – und schon revidierte die Regierung die angestrebte Neuregelung. Der Streit geht weiter.

B'TSELEM

Spätestens seit der deutsche Außenminister Sigmar Gabriel während seiner Israelreise im April 2017 mit Vertretern von Breaking the Silence* und B'Tselem zusammentraf und damit Ministerpräsident Benjamin Netanyahu* so verärgerte, dass dieser ein geplantes Gespräch kurzfristig absagte, ist das Israelische Informationszentrum für Menschenrechte in den besetzten Gebieten, wie sich B'Tselem bezeichnet, auch außerhalb des Landes bekannt.

Gegründet wurde die NGO am 3. Februar von linken Anwälten, Journalisten und Politikern. Vorgabe für B'Tselem (hebräisch für Ebenbild) ist die am 10. Dezember 1948 von der UN beschlossene Allgemeine Erklärung der Menschenrechte, die besagt: »Alle Menschen sind frei und gleich an Würde und Rechten geboren.«

Laut der in Jerusalem ansässigen Organisation findet aber eine Gleichbehandlung von Palästinensern und Israelis nicht statt, und so sieht sie ihre Aufgabe darin, Menschenrechtsverletzungen nachzuweisen – in diesem Zusammenhang Israel auch als Apartheidstaat zu bezeichnen – und die anfangs nur israelische, inzwischen aber auch internationale Öffentlichkeit über die Ergebnisse ihrer Untersuchungen zu informieren. Die Finanzierung ihrer Arbeit haben weitgehend amerikanische Organisationen und europäischer Regierungen übernommen.

Dass die Aktivitäten von B'Tselem nicht in allen Gesellschaftsschichten auf Zustimmung stoßen, liegt auf der Hand. Kritiker werfen der Organisation vor, mit ihren Kampagnen den Staat zu dämonisieren. Die politische Rechte bezeichnet ihre Mitglieder zudem als »Feinde Israels«.

Nach dem Zerfall der Sowjetunion setzte eine riesige Wanderbewegung Richtung Israel ein. Mit der großen russischen Aliyah kamen seit 1989 rund eine Million Menschen, darunter auch ihre nichtjüdischen Familienangehörigen. Sosehr ihr Zuzug und die damit einhergehende demoskopische Stärkung des Landes anfangs bejubelt wurde, so tief war die Enttäuschung über den mangelnden Integrationswillen der Neueinwanderer, die heute mit rund 15 Prozent der Gesamtbevölkerung die größte Gruppe der Minderheiten darstellt. Von Anfang an separierten sie sich und bildeten ihre eigenen organisatorischen Strukturen, die den Boden bereiteten für die spätere Gründung zweier zeitweise an der Regierung beteiligter Parteien.

Der Vorwurf der selbstgewählten Abgrenzung wurde einerseits verstärkt durch eine negative Berichterstattung, die mit Schlagworten wie Alkoholexzesse, Mafia und Prostitution angereichert wurde, und andererseits begleitet von massiver Konkurrenzangst. Denn diese Olim (hebräisch für Einwanderer in das Gelobte Land) zeichneten sich durch ein hohes Bildungsniveau aus, rund 60 Prozent verfügten über einen Universitätsabschluss. Mit ihrem Wissen prägten sie Israels Wirtschaft und Wissenschaft, Kunst und Kultur, Gastronomie und das allgemeine Straßenbild. War es vor einigen Jahrzehnten noch neben dem Ivrith die deutsche Sprache, die man allenthalben hörte, so ist es heute die russische.

DOV HOZ

Es war vor fünfzig Jahren, am 29. Dezember 1940, als der erst 46-jährige Flugpionier Dov Hoz tragischerweise nicht etwa bei einem Absturz, sondern bei einem Autounfall unweit von Tel Aviv ums Leben kam.

Naheliegend, dass der für Inlandtransporte gebaute Flughafen im Norden der Stadt seinen Namen trägt. Der in der russischen Stadt Orscha geborene und 1906 mit seiner Familie nach Palästina Emigrierte hatte 1936 auf Wunsch der Einwanderungsbehörde Jewish Agency* die Aviron Aviation Company aufgebaut. Ihr Zweck war nicht nur die Ausbildung von Piloten, sondern auch der Ausbau eines landesweiten Streckennetzes, das vor allem für effektive Einsätze der Haganah genutzt werden sollte.

Dov Hoz gilt als einer der Gründer der Untergrundorganisation und blieb bis zu seinem Tod einer ihrer wichtigsten Führer. Erfahrungen militärischer Art hatte er bereits im Ersten Weltkrieg gesammelt, in dem er in der Jüdischen Legion gekämpft hatte an der Seite von Männern wie David Ben Gurion*, Yitzhak Rabins* Vater Nehemiah und Joseph Trumpeldor*. Auf dem nach Letzterem benannten Friedhof in Tel Aviv liegt sein Grab, in unmittelbarer Nachbarschaft zu der Dov Hoz Street.

GOLFKRIEG

Am 16. Januar griffen die Vereinigten Staaten und ihre Verbündeten mit der Operation Wüstensturm massiv in den Golfkrieg zwischen Irak und Kuwait ein. Einen Tag zuvor war das UN-Ultimatum verstrichen, in dem der in Kuwait am 2. August 1990 einmarschierte Irak aufgefordert worden war, das von ihm besetzte Land umgehend zu verlassen. Der irakische Diktator Sadam Hussein folgte dem Befehl nicht und drohte stattdessen für den Fall eines Angriffs mit Raketenbeschuss des Erzfeindes Israel.

Und tatsächlich richtete Bagdad in den folgenden Wochen 39 Scud-Raketen gegen Israel, nachdem die USA und ihre Koalitionspartner mit Luftangriffen auf den Irak begonnen hatten. Bis zum Ende des Krieges am 12. März trug Israels Bevölkerung ständig die – wegen der von Hussein ausgesprochenen Giftgas-Drohungen bereits verteilten – Gasmasken bei sich und musste regelmäßig Zuflucht in Luftschutzbunkern suchen.

Vermutlich starb ein Mensch in unmittelbarer Folge der Einschläge. Ansonsten trafen nur wenige Raketen die Wohngebiete, trotzdem war der Sachschaden hoch. Gravierender aber war, dass der Beschuss und die Angst vor Giftgas-Anschlägen bei vielen Israelis traumatische Assoziationen auslösten. Vor allem Überlebende der Shoah fühlten sich an das Grauen der Gaskammern erinnert.

MENACHEM BEGIN

Terrorist, Minister-
präsident, Träger des
Friedensnobelprei-
ses – der Werdegang
des Menachem Be-
gin war ebenso un-
gewöhnlich wie seine
Person umstritten.
    Als Mieczysław
Biegun kam er am
16. August 1913 in
Brest-Litowsk zur
Welt und schloss sich
schon als Jugendli-
cher der von Wladi-
mir Ze'ev Jabotinsky
gegründeten zionis-
tischen Bewegung

Menachem Begin (1913-1992), Ministerpräsident und Friedensnobelpreisträger

Betar an. Während seines Jurastudiums in Warschau
wurde er einer ihrer führenden Köpfe. Die Flucht vor
den Deutschen, die seine zurückgebliebenen Eltern ermordeten, führte ihn über das litauische Wilna und das
sibirische Workuta nach Palästina.

Dort übernahm er 1943 die Leitung der paramilitärischen Untergrundorganisation Irgun Tzwa'i Le'umi
(auch IZL oder Etzel genannt), die sich zwölf Jahre zuvor
von der vergleichsweise gemäßigten Haganah abgespal-
ten hatte. Ihr erklärtes Ziel war der bewaffnete Kampf
gegen die britischen Besatzer. Berühmt wurde der unter
Begins Kommando geführte Anschlag auf das vorwiegend
von englischen Offizieren bewohnte Jerusalemer Hotel **127**

King David am 22. Juli 1946, dem 91 Menschen zum Opfer fielen. Auch die Verantwortung für das Massaker in dem arabischen Dorf De'ir Yassin am 9. April 1948, bei dem mehr als hundert Zivilisten starben, wird Begin zugeschrieben. Später verteidigte er diese Aktion mit dem Satz »Das Massaker von De'ir Yassin hatte nicht nur seine Berechtigung – ohne den ›Sieg‹ von De'ir Yassin hätte es auch niemals einen Staat Israel gegeben.«

Als die Irgun 1948 aufgelöst wurde, gründete er die Cherut-Partei. Seine terroristischen Aktivitäten soll er jedoch nicht gänzlich eingestellt haben: Es war wohl mehr als nur ein Gerücht, dass er als erbitterter Gegner der Verhandlungen über Wiedergutmachungszahlungen beteiligt war an einem Briefbomben-Attentat auf Konrad Adenauer, bei dem ein Sprengmeister der Polizei getötet wurde.

1973 ging seine Partei mit den Liberalen im konservativen Likud-Block auf, der 1977 die Wahl gewann und Menachem Begin zum Ministerpräsidenten ernannte. Im darauffolgenden Jahr nahm er auf Einladung des amerikanischen Präsidenten Jimmy Carter gemeinsam mit dem ägyptischen Präsidenten Anwar al-Sadat an den Verhandlungen zu Camp David I* teil, für die beide Staatschefs 1978 mit dem Friedensnobelpreis ausgezeichnet wurden. Trotzdem blieb der Politiker ein Kämpfer: Mit der Operation Opera* gab er im Juni 1981 den Befehl der Bombardierung des irakischen Atomreaktors Osirak und im Juni 1982 wies er Verteidigungsminister Ariel Sharon* an, in das nördliche Nachbarland einzumarschieren, und löste damit den Ersten Libanon-Krieg* aus. Im September 1983 gab er seinen Rücktritt bekannt und wurde nie wieder politisch aktiv.

Am 9. März starb Menachem Begin in Tel Aviv und wurde auf dem Ölberg in Jerusalem beerdigt.

RUDI WEISSENSTEIN

Mit seinem Tod am 20. Oktober verlor das Land eine
Legende, die ihren Ursprung in einer viele Jahrzehnte
zurückliegenden Momentaufnahme hatte. Es war der
14. Mai 1948, und Rudi Weissenstein der einzige
akkreditierte Fotograf bei der Proklamation des Staates. Sein Schwarzweiß-Foto des zukünftigen Ministerpräsidenten David Ben Gurion* ging in die Annalen der
Geschichte ein.

Doch Weissensteins Arbeit beschränkte sich nicht
auf das politische Geschehen. Mit seiner Kamera zeigte
er das gesamte Spektrum des Wachsens und Werdens des
Landes und wurde dessen wichtigster Chronist – »das
Auge des Aufbaus«, wie ihn eine Zeitung nannte. Meis-
tens war der am 17. Februar 1910 in der böhmisch-mäh-
rischen Kleinstadt Iglau geborene und 1936 nach Palästina eingewanderte Fotograf mit einer Rolleiflex
unterwegs. Mit ihr dokumentierte er das Kultivieren der
Wüste, das Bauen von Siedlungen, das Ankommen der
Shoah-Überlebenden und die Konzerte des Israel Phil-
harmonic Orchestra. Seine Fotos wurden international
ausgestellt und mit zahlreichen Preisen ausgezeichnet.

Als er starb, hinterließ er mehr als eine Million Negative. Nur ein Bruchteil der Abzüge fand sich als Bilder
oder auf Postkarten in seinem vollgestopften Geschäft
Pri-Or PhotoHouse in der Allenby Street in Tel Aviv, das
er kurz nach der Hochzeit mit seiner Frau Miriam 1940
eröffnet hatte. Miriam, deren 1941 in Herzliya aufge-
nommenes Foto ihres akrobatischen Luftsprungs fast
ebenso legendär wurde wie das des Ben Gurion, hatte
für ihren Mann den Beruf der Tänzerin aufgegeben.
Bis zu ihrem Tod im Jahr 2011 kümmerte sie sich ge-
129

meinsam mit Enkel Ben Peter Weissenstein um das Erbe ihres Mannes. Den engagierten Kampf um den Erhalt ihres zum Kult gewordenen Ladens, dem der Kinofilm »Stills in Life« gewidmet ist, haben sie jedoch verloren; er musste einem Neubau weichen. Heute ist das Photo-House fünf Fußminuten entfernt in der Tchernichovsky Street 5 untergebracht. Und noch immer kann man hier längst vergessene Geschichte in Bildern kaufen.

Das tausendfach gedruckte Bild der Miriam Weissenstein (1913-2011) am Strand von Herzliya ist eines der berühmtesten Israel-Motive (1941)

WOLFGANG LOTZ

Diese Geschichte bot Stoff für einen Thriller: Mossad*-
Agent lässt sich mit Hilfe des deutschen Bundesnachrichtendienstes in Kairos höchste Kreise einschleusen, um
Informationen zu sammeln und Sprengstoff-Anschläge
zu verüben, macht nebenbei Karriere als Pferdezüchter,
Partykönig, Frauenversteher, wird festgenommen, zu lebenslanger Haft verurteilt und drei Jahre später ausgetauscht. Dem Todesurteil entgeht er, weil man ihn für
den Deutschen Wolfgang Lotz hält und nicht für den
Israeli Ze'ev Gur Arie. Und doch war er beide.

Am 6. Januar 1921 in Mannheim als Sohn einer
jüdischen Mutter geboren, floh Wolfgang Lotz mit ihr
1933 nach Tel Aviv, schloss sich der Haganah an, diente
während des Zweiten Weltkriegs in der britischen Armee, wurde Offizier der israelischen Armee und 1956
vom Geheimdienst angeworben. Da hatte er bereits seinen hebräischen Namen Ze'ev Gur Arie angenommen.

Den allerdings trug er nicht, als ihn der Mossad 1960
nach Kairo schickte, um die dort für den ägyptischen
Präsidenten Gamal Abdel Nasser arbeitenden deutschen
Raketenspezialisten durch Terroranschläge einzuschüch-
tern. In der deutschen Kolonie nannte er sich wieder
Wolfgang Lotz, gab sich als ehemaliger Wehrmachts-Of-
fizier aus, baute einen Club für Pferdeliebhaber auf, feierte – der Nachrichtendienst finanzierte ihn großzügig –
exklusive Partys, die ihm später den Namen »Champa-
gnerspion« eintrugen, und fand auf diese Weise schnell
Kontakt zu ägyptischen Offizieren. Durch sie erfuhr er
die Standorte ihrer Luftflotte, die aufgrund der von ihm
an Israel weitergeleiteten Informationen im Sechs-Tage-
Krieg* komplett zerstört wurde.   131

Im Februar 1965 flog er auf und belastete, um seine wahre Identität nicht preisgeben zu müssen, den Chef des deutschen Bundesnachrichtendienstes in Kairo, der daraufhin des Landes verwiesen wurde. Seine lebenslange Haftstrafe, zu der er verurteilt wurde, endete nach drei Jahren, als er gegen 5.000 ägyptische Gefangene des Sechs-Tage-Krieges ausgetauscht wurde.

Zu seiner israelischen Frau und dem gemeinsamen Sohn kehrte er nicht zurück. Erst nach seiner Freilassung erfuhren sie, dass er inzwischen eine Deutsche geheiratet hatte. 1978 zog er nach München und arbeitete in der Sportabteilung eines Kaufhauses. Ein bitterer Abstieg für den einst umschwärmten Agenten, der am 13. Mai in seiner neuen Heimatstadt starb. Bestattet wurde er jedoch mit allen militärischen Ehren in Israel.

HATACHANA HAMERKAZIT

Wohlmeinende bezeichnen es als eine Stadt in der Stadt. Tatsächlich ist es ein Moloch, in dem der Unkundige herumirrt, verfolgt von dem panischen Gedanken, niemals wieder herauszufinden aus der scheinbar konzeptlosen Ansammlung von breiten grauen Korridoren, sich windenden Auf- und Abgängen, nicht rollenden Rolltreppen, wild verteilten Kleiderständern, bunten Saft-, Thaifood-, Schmuckläden und umherhastenden Menschenmengen. Es ist der Zentrale Busbahnhof in Tel Aviv, an dem tatsächlich auch Busse ankommen und abfahren. Rund 5.000 täglich an irgendeiner der vielen Plattformen.

Als er am 18. August im Beisein des Premierministers Yitzhak Rabin* eröffnet wurde, war er der größte der
Welt. Inzwischen ist auf diese Position Neu-Delhi vorge-
rückt, das rund 22 Millionen Einwohner hat. Tel Aviv hat
nur 433.000, aber trotzdem diesen grauen Koloss, der sich
über sieben Stockwerke, drei davon unterirdisch, erstreckt.
Geplant hat den HaTachana HaMerkazit der Starar-
chitekt Ram Karmi, der auch das Nationaltheater HaBimah* neu erschuf. Auf 220.000 Quadratmetern sollte ein
Einkaufsparadies mit über tausend Geschäften, Banken,
Kindergärten und Büroräumen wachsen. Heute stehen
die meisten leer. Künstler haben das fünfte Stockwerk
für sich entdeckt, und organisierte Führungen lassen
Touristen diesen einzigartigen Kosmos entdecken.
Möglichst tagsüber, denn am Abend eröffnet sich rund
um diese Parallelwelt eine zweite: die des Neve Sha'an-
an-Viertels, in dem in und um den Levinski-Park dubiose
Gestalten ihren ganz eigenen Geschäften nachgehen.

OSLO I-ABKOMMEN

Das Ansehen Yassir Arafats* war, durch seine Unterstützung der irakischen Invasion in Kuwait während des
Golfkrieges* 1991 und der daraus folgenden Vertreibung
Hunderttausender dort lebender Palästinenser, denen
man Kollaboration mit den Irakern vorwarf, stark be-
schädigt. Da auch der Rückhalt in den arabischen Staaten schwand, sah sich der PLO-Führer gezwungen, durch
Friedensverhandlungen mit Israel seine eigene Position
wie auch die der Palästinenser zu stärken. **133**

Gleichzeitig hatte Yitzhak Rabin* nach seiner Wahl zum Ministerpräsidenten 1992 erklärt, Friedensverhandlungen fördern zu wollen. Und so kam es zwischen israelischen und palästinensischen Vertretern zu inoffiziellen Vorgesprächen, die ebenso in Oslo geführt wurden wie auch die des zwei Jahre später folgenden Abkommens und deshalb die Namen Oslo I und Oslo II* erhielten.

Als Folge des Austauschs unterzeichneten beide Seiten am 13. September in Washington die Prinzipienerklärung über die vorübergehende Selbstverwaltung und erkannten erstmals gegenseitig ihre Existenz an.

Doch erst mit dem am 4. Mai 1994 unterschriebenen Gaza-Jericho-Abkommen zog Israel, das nach der Devise »Land gegen Frieden« handelte, seine Sicherheitskräfte aus dem Gaza-Streifen und der Gegend um Jericho ab. Zwei Monate später verlegte Arafat seinen Sitz von Tunis nach Ramallah, um die Palästinensische Autonomiebehörde aufzubauen.

MASSAKER VON HEBRON

Der Mann, der an diesem Ramadan-Morgen die Höhle Machpela betrat, eröffnete sofort das Feuer auf die zum Gebet Versammelten. In der Grabstätte der Patriarchen Abraham, Isaak und Jakob, die Juden wie Muslimen gleichermaßen heilig ist, tötete er 29 Menschen und verletzte 150 weitere, bis er überwältigt und mit einem Feuerlöscher erschlagen wurde. Es war der 25. Februar, und mit dem Massaker in Hebron löste der jüdische Fanatiker Baruch Goldstein nicht nur weltweit tiefes Entsetzen aus, sondern gefährdete auch dramatisch den israelisch-palästinensischen Friedensversuch.

Baruch Goldstein, am 9. Dezember 1956 in New York geboren, hatte nach seinem Medizinstudium Aliyah gemacht und sich nach der Militärzeit als Arzt in Kiryat Arba niedergelassen, einer Siedlung im Westjordanland. Verbittert über die Friedensverhandlungen und das Oslo I-Abkommen* hatte sich der Vater von fünf Kindern zunehmend radikalisiert. Das Mitglied der rechtsextremen Kach-Partei, die man nach der Gewalttat für illegal erklärt, wurde für diese von ihren Anhängern als Märtyrer gefeiert.

Große Teile der israelischen Gesellschaft und die Regierung hingegen verurteilten den Terrorakt, Ministerpräsident Yitzhak Rabin* wandte sich an den Präsidenten der Palästinensischen Autonomiebehörde Yassir Arafat*. »Ich finde keine Worte, die stark genug sind, um meine Empörung auszudrücken«, sagte er, verlangte aber dennoch nicht den Rückzug der Siedler aus den besetzten Gebieten.

FRIEDEN MIT JORDANIEN

Informelle Gespräche zwischen Israel und Jordanien hatte es ohnehin schon gegeben, aber erst das im Jahr zuvor geschlossene Oslo I-Abkommen* ermöglichte den offiziellen Kontakt. Im Beisein des amerikanischen Präsidenten Bill Clinton unterzeichneten König Hussein und Ministerpräsident Yitzhak Rabin* am 26. Oktober einen bis heute währenden Friedensvertrag zwischen ihren Ländern und besiegelten somit endgültig die Washington Erklärung, mit der sie drei Monate zuvor als Ergebnis ihres ersten Treffens das Ende des seit 46 Jahren andauernden Kriegszustands angekündigt hatten. Bis heute gilt sie als wichtiger Garant für eine relative Stabilität der politischen Situation in der Region.

Eine ihrer wesentlichen Vereinbarungen betrifft Israels Anerkennung der jordanischen Souveränität über die heiligen muslimischen Stätten in Jerusalem. Ebenso wurde die Jordanien zustehende Versorgung mit Wasser aus dem Jordan geregelt, der gleichzeitig die Grenze zwischen den Staaten markieren sollte.

Als Konsequenz der Friedenserklärung eröffneten erstmals ein israelischer Botschafter eine Residenz in Amman und ein jordanischer eine in Tel Aviv.

FRIEDENSNOBELPREIS FÜR ARAFAT, PERES, RABIN

»Für ihre Anstrengungen zur Lösung des Nahost-Konfliktes«, so die offizielle Begründung des Komitees, wurden am 10. Dezember der israelische Premierminister Yitzhak Rabin* und sein Außenminister Shimon Peres* sowie der PLO-Führer Yassir Arafat* in Oslo mit dem Friedensnobelpreis gewürdigt. Es war das erste Mal, dass man den Preis drei Personen gleichzeitig überreichte.

Israelfreundliche Kritiker monierten, dass in der Geschichte der seit 1901 verliehenen Auszeichnung mit Arafat erstmals ein Terrorist geehrt wurde. Allerdings betrachteten israelfeindliche Seiten auch Menachem Begin*, der 1978 gemeinsam mit dem ägyptischen Staatschef Anwar al-Sadat den Friedensnobelpreis erhalten hatte, als einen solchen.

Yitzhak Rabin, Shimon Peres und Yassir Arafar (von rechts) nach der Verleihung des Friedensnobelpreises in Oslo (1994)

1995

Am 10. Juni 1940 hatte das später mit Deutschland fraternisierende Italien England den Krieg erklärt – und kurz darauf begonnen, Angriffe auf das britische Mandatsgebiet Palästina zu fliegen.

Mitte Juli 1940 versuchten zehn italienische Kampfbomber, die Erdölraffinerien vor Haifa – wichtiger Umschlagplatz der Briten – in Brand zu setzen, was ihnen nur bedingt gelang. Am 9. September starteten von Stützpunkten auf dem Dodekanes erneut italienische Kampfflieger Richtung Haifa. Abgedrängt von der britischen Luftwaffe, planten die Piloten daraufhin die Bombardierung des Hafens von Tel Aviv. Sie verfehlten jedoch das Ziel, vernichteten stattdessen im Stadtgebiet ganze Straßenzüge, töteten 137 Zivilisten und verletzen weitere 350. Im darauffolgenden Juni flogen sie, diesmal von syrischen Stellungen aus, einen weiteren Angriff auf Tel Aviv, bei dem 13 Menschen starben.

Die von dem Faschisten Benito Mussolini gelenkten Einsätze trafen die Bevölkerung Palästinas vollkommen unvorbereitet und lösten Panik aus: Die Schlachten des Zweiten Weltkriegs hatten ihre Küste erreicht, hatten sie erreicht.

In den unruhigen Zeiten, die der Gründung des Staates folgten, gerieten diese Ereignisse in Vergessenheit. Doch 1995 setzte die Stadt Tel Aviv ihnen ein Denkmal. Der sechseckige weiße Stein, in dem auf blauem Grund an die Opfer der Bombardierung erinnert wird, steht auf einer kleinen Rasenfläche am Mikhoels Platz in Tel Aviv – direkt an der Bograshov Street, deren Häuser bei den Luftangriffen zerstört wurden.

OSLO II-ABKOMMEN

Am 24. September wurde im ägyptischen Taba ergänzt, was zwei Jahre zuvor durch das Oslo I-Abkommen* begonnen worden war. Mit der Unterzeichnung des Interimsabkommen über das Westjordanland und den Gaza-Streifen, auch Oslo II genannt, gingen Yitzhak Rabin* und Yassir Arafat* an diesem Tag einen weiteren Schritt auf dem Weg der Friedensverhandlungen zwischen Israel und der PLO.

Vier Tage später bestätigten sie in Washington im Beisein des amerikanischen Präsidenten Bill Clinton die Vereinbarung, die unter anderem eine Aufteilung des Westjordanlandes in drei Zonen vorsah: Zone A (mit mehr als drei Viertel der palästinensischen Bevölkerung) unterstand fortan palästinensischer Kontrolle, Zone C (das größte Gebiet, teilweise bewohnt von jüdischen Siedlern) israelischer und in Zone B teilten sich beide Seiten die Verwaltungsaufgaben.

Ihr Ziel – mehr Sicherheit für Israel und mehr Selbstbestimmung für die Palästinensische Autonomiebehörde – erreichten die Osloer Friedensverhandlungen jedoch nicht. Sowohl die israelische Rechte als auch die extreme Hamas betrachteten das Abkommen als Verrat. Die Folgen waren ein Ausbau der Siedlungen auf der einen Seite und Terrorangriffe auf der anderen.

YITZHAK RABIN

Das Leben stand still, das Land verharrte im Schock. Am Abend des 4. November trafen mitten in Tel Aviv drei Schüsse den Mann, der für eine realistische Hoffnung auf Frieden gestanden hatte. Eben noch hatte Yitzhak Rabin mit den 150.000 Besuchern einer Friedenskundgebung, die ihm auf dem Platz der Könige zugejubelt hatten, das Lied für den Frieden gesungen. Es war, so sein langjähriger Weggefährte (und innerparteilicher Konkurrent) Shimon Peres*, Rabins glücklichste Stunde. Und seine letzte. Der religiöse Fanatiker Yigal Amir hatte aus nächster Nähe auf ihn geschossen.

Noch am Tatort wurde der am 23. Mai 1965 in Herzliya geborene Student verhaftet und im März 1996 zu lebenslanger Isolationshaft verurteilt. Er war einer jener nationalistischen Radikalen, die den Premierminister für seinen Kurs »Land gegen Frieden« und die Osloer Abkommen* als Verräter Israels bezeichneten und mit Hasskampagnen überzogen. Schon die auf einer Anti-Rabin-Demonstration am 5. September in Jerusalem gezeigten Fotomontagen, die den Premier in SS-Uniform oder mit der palästinensischen Kufiye darstellten, hatten erschüttert. Doch dass ein Jude ihn töten könnte, war außerhalb der Vorstellungskraft.

Israel verlor an diesem Tag seinen besten Politiker. Einen, der sich vom absoluten Hardliner zum überzeugten Friedenskämpfer gewandelt hatte. Mit 14 Jahren schon war der am 1. März 1922 in Jerusalem geborene (und später auf dem Herzlberg bestattete) Yitzhak Rabin der Haganah beigetreten, hatte im Unabhängigkeitskrieg* und im Sechs-Tage-Krieg* gekämpft und seit 1964 die Position des Generalstabschefs inne. Ab 1974 war er für drei Jahre Ministerpräsident und von 1992 bis zu seinem Tod ein zweites Mal. In seine Zeit als Verteidigungsminister (1984-90) fiel die Erste Intifada*, auf deren Ausbruch er mit großer Brutalität reagierte.

Doch seit Beginn der neunziger Jahre trat er für ein Ende des Blutvergießens ein und schloss mit Israels Erzfeind Yassir Arafat* die Oslo-Abkommen*. »Der Weg des Friedens ist dem Weg des Krieges vorzuziehen. Ich sage euch dies als jemand, der 27 Jahre lang ein Mann des Militärs war«, sagte er wenige Minuten bevor der Attentäter auf ihn zielte.

Die Trauer um Yitzhak Rabin und die mit seinem Tod verpassten Chancen sind auch heute noch in Israel zu spüren. »Peace shall be his legacy« steht auf der Tafel neben dem Mahnmal an dem Ort, der seit dem Attentat Rabin Platz heißt. Friede sei sein Vermächtnis.

Yitzhak Rabin (1922-1995), Ministerpräsident und
Friedensnobelpreisträger (1994)

1996

WAHL BENJAMIN NETANYAHU

Der Mord an Yitzhak Rabin* hatte die Stimmung in Israel
verändert. Auch Shimon Peres*, Amtsnachfolger und wie
sein Vorgänger Abgeordneter der Arbeiterpartei Avoda,
war es nicht gelungen, die Attacken palästinensischer
Terroristen zu stoppen. Der von dem konservativen Li-
kud-Mitglied Benjamin Netanyahu angekündigte Kurs
versprach mehr Sicherheit – und so wurde er am 18. Juni
zum neuen Ministerpräsidenten gewählt.

Der am 21. Oktober 1949 in Tel Aviv geborene jüngere Bruder des während der Operation Yonathan* in
Entebbe ums Leben gekommenen Kommandanten war
bis zu diesem Zeitpunkt als Politiker nicht groß in Erschei-
nung getreten. Als Unternehmensberater und Manager
hatte er das Amt des stellvertretenden Botschafters in den
USA übernommen, später das des UN-Vertreters und war
nach seiner Rückkehr in die Knesset eingezogen.

Seine erste Amtszeit als Premier währte drei Jahre,
in denen der im Land nur Bibi genannte Benjamin Netanyahu den umstrittenen Siedlungsbau vorantrieb. Als er
bei der Wahl 1999 gegen Ehud Barak (Avoda) verlor, zog
er sich aus der Politik zurück – um knapp zwei Jahre später unter Ariel Sharon* erst Außen-, dann Finanzminister
zu werden. Nachdem er wieder 2009 und auch 2013 und
2015 zum Ministerpräsidenten gewählt wurde, schienen
ihn weder die internationale Kritik an seiner Politik noch
die sich wiederholenden strafrechtlichen Ermittlungen
gegen ihn und seine Frau stoppen zu können. Erst Ende
2017 kippte die Stimmung und die erhobenen Vorwürfe –
Korruption und Einflussnahme auf die Medien – ließen wöchentlich Tausende seiner Landsleute mit einem
»Marsch der Schande« gegen ihn protestieren.

MAX BRENNER

Es begann 20 Kilometer nördlich von Tel Aviv in der Stadt Ra'anana. In einem kleinen Laden starteten der gelernte Chocolatier Oded Brenner und sein Freund Max Fichtman, die sich bald den Firmennamen »Max Brenner« gaben, mit dem Verkauf ihrer selbstgefertigten Schokoladen-Feinheiten.

Nach drei Jahren stieg Fichtman aus und einige Zeit später der israelische Lebensmittelkonzern Strauss Group ein. Mit dem Wechsel ändert sich auch die Geschäftsidee: Die Schokolade wurde in den rund fünfzig Max Brenner-Bistros, die weltweit eröffneten, nicht mehr nur verkauft, sondern auch als sinnliches Event inszeniert. Der kahlköpfige Oded Brenner wurde das Werbegesicht, seine Karikatur das Logo und »chocolate by the bald man« (Schokolade von dem Glatzenmann) der Slogan.

Als Botschafter einer neuen Schokoladenkultur versteht Brenner sich und erklärt: »Es geht nicht nur um den guten Geschmack, sondern auch um die mit dem Produkt verbundenen Emotionen.« Die berührt er zutiefst, bei Schokoholics sowieso, aber auch bei ansonsten konsequenten Abstinenzlern. Pizza, Fondue aus dreierlei Sorten, Crêpe, Waffeln, Desserts, Shakes und Smoothies, alles aus oder mit Schokolade – irgendwann wird da jeder schwach. In dem stark frequentierten Max Brenner am Rothschild Boulevard 45, Israels berühmtester Filiale, werden jedenfalls keineswegs nur Kindergeburtstage gefeiert.

EXODUS

Es war eine Geschichte, die an Dramatik – und Zynismus – kaum zu überbieten war. Vor fünfzig Jahren, am Morgen des 11. Juli 1947, legte der von der Haganah gekaufte Dampfer President Warfield im südfranzösischen Sète ab. Erst auf See wurde er in Exodus umbenannt und die weiße Fahne mit dem blauen Davidstern gehisst: An Bord des nur für 400 Passagiere zugelassenen Schiffes waren 4.500 Überlebende der Shoah, die hofften, nach Jahren der Todesangst ein neues Leben in Palästina beginnen zu können.

Doch die Briten, unter deren Mandat das Gebiet noch stand, befürchteten durch eine unkontrollierte Einwanderung der Juden gewaltsame Auseinandersetzungen mit den Arabern. Vor der Küste versuchten sie, das Schiff zu entern und stießen auf heftigen Widerstand.

Die Exodus mit 4.500 Shoah-Überlebenden ließen die Briten in Palästina nicht anlegen und schickten die Passagiere zurück nach Europa (1947)

Die Besatzung hatte vorab die Zugänge verschließen lassen, und die Passagiere wehrten sich, indem sie Konservendosen und Flaschen als Wurfgeschosse einsetzten. Der Kampf dauerte mehrere Stunden, in denen die Briten wiederholt das Flüchtlingsschiff rammten, während die Haganah laufend per Rundfunkübertragung die Bevölkerung über die Entwicklungen informierte.

Zahlreiche Menschen waren verletzt und vier getötet, als der Kommandant schließlich aufgab. Von britischen Schiffen eskortiert, lief die Exodus in den Hafen von Haifa ein. Über die Bordlautsprecher ertönte die HaTikvah* und Tausende standen am Ufer, um ihre Solidarität mit den Geschlagenen zu bekunden. Nur die Verletzten wurden an Land gelassen und in Krankenhäuser gebracht, die übrigen Passagiere sofort auf drei Schiffe verteilt und zurückgeschickt nach Frankreich, wo sie am 29. Juli ankamen. Da die meisten sich weigerten, dort von Bord zu gehen, legten die Schiffe am 22. August wieder ab und erreichten nach einem Zwischenstopp in Gibraltar am 8. September Hamburg. Von britischen Soldaten wurden die Verzweifelten, teilweise mit Gewalt, in Züge verladen und in mit Stacheldraht gesicherte Internierungslager in Norddeutschland verbracht.

Unter den Augen der Weltöffentlichkeit – die internationalen Medien berichteten – wurden diese Menschen, die nur wenige Jahre zuvor von Deutschen in Zügen deportiert und in Konzentrationslager gequält worden waren, wieder eingesperrt. Dieses Mal von den britischen Alliierten, die erst am 6. Oktober die Lager öffneten und die Überlebenden ziehen ließen.

ERSTER ZIONISTENKONGRESS

Vor hundert Jahren, vom 29. bis zum 31. August 1897, kamen erstmals Zionisten aus aller Welt in Basel zusammen, um sich für eine Heimstätte für Juden in Palästina einzusetzen. Um ihrem Anliegen Nachdruck zu verleihen, gründeten sie die World Zionist Organisation (WZO) und bestimmten den Juristen und Journalisten Theodor Herzl*, der ein Jahr zuvor das Buch »Der Judenstaat« veröffentlicht hatte, zu ihrem Präsidenten.

In seinem Tagebuch notierte er anschließend: »Fasse ich den Baseler Congress in ein Wort zusammen – das ich mich hüten werde öffentlich auszusprechen – so ist es dieses: in Basel habe ich den Judenstaat gegründet. Wenn ich das heute laut sagte, würde mir ein universelles Gelächter antworten. Vielleicht in fünf Jahren, jedenfalls in fünfzig wird es Jeder einsehen.«

Er sollte Recht behalten. Doch bevor gut fünfzig Jahre später der Staat ausgerufen wurde, fanden viele weitere Zionistenkongresse statt. Bis 1939 traf man sich meist jährlich, später im Zwei-Jahres-Rhythmus und ab 1946 nach Bedarf, um über die Entwicklungen des Landes zu diskutieren.

HATIKVAH

Im April 1945 erstellte der Sender BBC einen kaum zu
ertragenden Film, in dem ausgemergelte Überlebende
des Konzentrationslagers Bergen-Belsen angesichts der
sie befreienden britischen Truppen die HaTikvah an-
stimmten. Die HaTikvah (deutsch: Die Hoffnung) war
auch das Lied, das die den Nazis Entkommenen ergrif-
fen sangen, wenn sie an Bord der Schiffe, die sie nach
Palästina brachten, am Horizont die Küste ihrer neuen
Heimat erahnten.

»Solange noch im Herzen/Eine jüdische Seele wohnt/
Und nach Osten hin, vorwärts,/Ein Auge nach Zion
blickt,/Solange ist unsere Hoffnung nicht verloren,/Die
Hoffnung, zweitausend Jahre alt,/zu sein ein freies Volk
in unserem Land,/im Lande Zion und Yerushalayim«,
lautet die erste Strophe des Gedichtes, das der Lyriker
Naphtali Herz Imber vermutlich 1878 geschrieben hat.
Zehn Jahre danach soll es von dem Komponisten Samuel
Cohen vertont worden sein. 1897 bestimmten die Abge-
ordneten des Ersten Zionistenkongresses* das Lied zu
ihrer Hymne. Mit der Gründung Israels wurde sie dann
zur Nationalhymne erklärt.

Doch auch an ihrem hundertsten Geburtstag sind
nicht alle Israelis mit ihrem Inhalt versöhnt. Während
sie den Religiösen zu weltlich klingt, erscheint sie den
Liberalen zu einseitig, weil sie durch die Nennung der
»jüdischen Seele« jene ausschließe, die als Nichtjuden
in Israel leben.

DANA INTERNATIONAL

Das Land war in Aufruhr, zumindest sein nicht unwesentlicher religiöser Bevölkerungsteil: Eine transsexuelle Interpretin sollte Israel beim Grand Prix Eurovision de la Chanson vertreten!

Seit 1973 nahm Israel an dem Eurovision Song Contest (wie er inzwischen heißt) teil und hatte zwei Mal, 1978 und 1979, sogar gewonnen. Und nun wollte die aus einer jemenitischen Familie stammende Sharon Cohen, die am 2. Februar 1969 als Yaron geboren worden war und sich im Alter von 21 Jahren einer Geschlechtsumwandlung unterzogen hatte, als Dana International singen. Die Orthodoxen versuchten, ihren Auftritt zu torpedieren, gingen sogar gerichtlich gegen die Entscheidung vor – erfolglos.

Dana International zelebrierte ihren Auftritt am 9. Mai im englischen Birmingham in einem hautengen, grau-glitzernden Kleid, passend zum Titel ihres Songs. Mit Diva landetet sie auf Platz eins – und errang damit auch einen Sieg über die Intoleranz. Sie war die erste transsexuelle Teilnehmerin in der Geschichte des Contests und gewann ihn fünf Tage vor dem fünfzigsten Geburtstag ihres Heimatlandes. Nicht nur die Religiösen, auch mancher Säkulare hätte gern auf dieses Geschenk verzichtet. Aber die internationale Aufmerksamkeit war der israelischen LGBT-Community, als deren Ikone Dana International galt, gewiss.

TEL AVIV GAY PRIDE PARADE

Einen zarten Versuch hatte es mit einer Love Parade am heutigen Rabin Platz schon 19 Jahre zuvor gegeben. Doch mit der ersten Tel Aviv Gay Pride Parade – mehr politisches Statement denn fröhliches Straßenfest – wurde 1998 der Grundstein dazu gelegt, dass die Stadt heute als Hochburg der Homosexuellen im Nahen Osten gilt.

Seitdem ist die alljährlich in der zweiten Juniwoche stattfindende Parade, die am Meir Garden startet und am Strand in einer rauschenden Partynacht endet, ein gigantisches Fest, das auch vom Tourismus-Ministerium beworben und finanziell unterstützt wird. 200.000 Besucher kommen inzwischen zu dieser Demonstration für die Rechte von Schwulen, Lesben, Bisexuellen und Transgendern. Spätestens seit dem 2001 erlassenen Antidiskriminierungsgesetz, das Homosexuelle schützt, sind diese Rechte jedoch ohnehin umfassend.

Vorbehalte oder auch Ablehnung spürt die LGBT-Community allerdings nach wie vor, insbesondere in den Kreisen der Orthodoxen und denen der Siedler. Am 1. August 2009 überfiel ein Maskierter einen von jugendlichen Homosexuellen besuchten Club in Tel Aviv, erschoss ein 16-jähriges Mädchen und einen 26-jährigen Mann und verletzte weitere 15 Menschen. Der Täter wurde nie gefasst.

Anders als der ultraorthodoxe Extremist, der 2005 auf der Jerusalem Gay Pride Parade drei Menschen mit einem Messer verletzte und dafür zu zwölf Jahren Gefängnis verurteilt wurde. Im Juli 2015 wurde er vorzeitig aus der Haft entlassen – drei Wochen bevor er wieder während der Parade sechs Menschen mit einem Messer angriff. Die Eltern der 16-jährigen Shira Banki, die drei

Tage später ihren Verletzungen erlag, riefen dennoch im Jahr darauf zur Teilnahme an der Jerusalem Gay Pride Parade auf, um ein Zeichen zu setzen für Toleranz und gegen Gewalt.

Diese seit 2002 stattfindende Veranstaltung ist mit 25.000 Teilnehmern nicht nur sehr viel kleiner, sie zeigt auch weit weniger nackte Haut und schräge Outfits als die im liberalen Tel Aviv. Dafür aber steigt die Zahl der teilnehmenden Frommen, vereinzelt auch Rabbinern, die auf diese Weise ihre Solidarität mit der Community bekunden.

Seit die Tel Aviv Gay Pride Parade erstmals 1998 veranstaltet wurde, endet sie immer mit einer Party am Strand (2015)

CHAIM ARLOSOROV

Es war der 16. Juni 1933, als Chaim Arlosorov bei einem abendlichen Spaziergang mit seiner Frau am Strand von Tel Aviv angeschossen wurde und kurz darauf seinen Verletzungen erlag. Sein Tod wurde nie aufgeklärt, doch eine der Spuren führte über seine frühere Freundin Magda zu deren Mann Joseph Goebbels, enger Vertrauter Adolf Hitlers und dessen Propagandaminister.

Chaim Arlosorov und die knapp zwei Jahre jüngere Magda Friedländer, wie sie damals nach ihrem jüdischen Adoptivvater noch hieß, waren sich um 1918 im Nachkriegs-Berlin begegnet: sie eine Mitschülerin seiner Schwester Lisa, er – nachdem seine Familie wegen der antisemitischen Stimmung in Russland aus dem heute ukrainischen Romny nach Ostpreußen gezogen war – Student der Wirtschaftswissenschaften, in denen er auch promoviert wurde. Sie hatte konvertieren und ihn heiraten wollen, so wurde kolportiert, sich dann aber doch für eine erste Ehe mit dem Industriellen Günther Quandt und eine weitere mit Joseph Goebbels entschieden.

Vitaly Viktor Chaim Arlosorov war somit ohne sie 1924 nach Palästina ausgewandert, wo er rasant Karriere machte. 1926 Delegierter der jüdischen Gemeinschaft Palästinas beim Völkerbund in Genf, 1930 einer der Gründerväter der Arbeiterpartei Mapai, 1931 Leiter der politischen Abteilung der Jewish Agency*.

In deren Auftrag hatte er am 8. April 1933 im Jerusalemer King David Hotel ein Treffen zwischen Chaim Weizmann* und führenden arabischen Politikern arrangiert, um eine künftige Zusammenarbeit zu beschließen. Arlosorov selbst war überzeugt von der Notwendigkeit einer Verständigung, was ihn zum Erzfeind der radikalen Vertreter des Zionismus avancieren ließ.

Hinzu kam, dass er kurz darauf in diplomatischer Mission nach Berlin gereist war, um mit Vertretern des Nazi-Regimes darüber zu verhandeln, dass deutsche, nach Palästina emigrierende Juden einen Teil ihres Eigentums mit sich führen konnten. Dieses Transfer-Abkommen bedeutete jedoch eine eindeutige Unterwanderung des von internationalen jüdischen Organisationen ausgerufenen Deutschland-Boykotts, der eine Änderung der nationalsozialistischen Politik gegenüber ihren drangsalierten Glaubensbrüdern bewirken sollte. Somit war Arlosorov auch für das Weltjudentum zu einer unliebsamen Person geworden.

Ob er als solche von Joseph Goebbels betrachtet wurde, ist ungewiss. Bei seinem Berlin-Besuch jedenfalls rief er auch seine ehemalige Freundin Magda an und bat um Vermittlung eines Gespräches mit ihrem Mann, so sagte später eine Freundin von Lisa Arlosorov in einem Interview. »Du bist in Gefahr«, soll Magda Goebbels gesagt haben, »und ich auch. Ich kann dich nicht mehr sprechen, auch nicht sehen. Verschwinde.«

Zwei Wochen später fiel Chaim Arlosorov, dessen Geburtstag sich am 23. Februar zum hundertsten Mal jährte, dem Attentat zum Opfer.

CAMP DAVID II

Um fortzuführen, was mit den Oslo-Abkommen* begonnen worden war, verhandelten Israels Premierminister Ehud Barak und der Chef der Palästinensischen Autonomiebehörde Yassir Arafat*. Man traf sich auf Einladung des amerikanischen Präsidenten Bill Clinton am 11. Juli auf dessen Sommersitz Camp David und trennte sich am 25. Juli wieder – ohne nennenswerte Ergebnisse.

Wie kein israelischer Staatsmann vor ihm war Barak zu Zugeständnissen bereit. Dazu gehörte auch das Angebot, 90 Prozent des besetzten Gebietes in Judäa und Samaria zur räumen (in den übrigen zehn Prozent lag der größte Teil der israelischen Siedlungen). Arafat hingegen forderte den Rückzug aus allen Gebieten, inklusive dem Gaza-Streifen. Auch in dem zweiten Streitpunkt, dem künftigen Status Ostjerusalems, konnte man sich nicht einigen. Die ihm zugestandene Verwaltung über den Tempelberg wies Arafat zurück, weil sie nicht die komplette Souveränität bedeutet hätte. Diese aufzugeben war Barak jedoch nicht bereit, weil Juden damit den Zugang zur Klagemauer verloren hätten. Ungeklärt blieb auch das Recht auf Rückkehr der durch die Konstituierung Israels vertriebenen Palästinenser. Beide Verhandlungspartner machten die Gegenseite für das Scheitern verantwortlich.

Mit dem Abbruch von Camp David II war auch die am 4. September 1999 ebenfalls unter Bill Clintons Schirmherrschaft getroffene Entscheidung, bis zum 13. September des Folgejahres alle strittigen Punkte geklärt zu haben und eine Friedensvereinbarung zu unterschreiben, hinfällig geworden.

ZWEITE INTIFADA

Der Besuch des damaligen Oppositionsführers Ariel Sharon* auf dem Jerusalemer Tempelberg am 28. September galt in der Wahrnehmung der Weltöffentlichkeit als Auslöser des Al Aqsa-Aufstandes. Die Palästinenser fühlten sich durch den Auftritt provoziert – tatsächlich war er von der muslimischen Verwaltung des Platzes genehmigt worden – und reagierten am nächsten Tag mit gewalttätigen Demonstrationen, woraufhin die israelische Polizei einschritt. Vier Menschen starben und etwa 200 wurden verletzt, und die Unruhen wurden zum Anlass, die Zweite Intifada auszurufen.

Von dem 13 Jahre zuvor geführten Krieg der Steine unterschied sich dieser Kampf durch den verstärkten Einsatz von Selbstmordterroristen. In den Folgejahren kam es zu unzähligen Anschlägen auf Busse und Restaurants, einer der erschütterndsten war das Dolphinarium-Attentat*, bei dem 21 Diskothek-Besucher starben. Israel zerstörte im Gegenzug die Häuser der Täter, marschierte in das Flüchtlingslager Jenin* ein, begann mit dem Bau einer Sperranlage* und tötete durch gezielte Raketenangriffe Führer der Hamas.

Auf einem Gipfeltreffen in Sharm el-Sheik endete am 8. Februar 2005 die sogenannte Al Aqsa-Intifada. Mahmoud Abbas, Präsident der Palästinensischen Autonomiebehörde, und Ariel Sharon, inzwischen Premierminister, vereinbarten einen Waffenstillstand.

DOLPHINARIUM-ATTENTAT

Der 1. Juni war ein Freitag, und am Abend wartete vor einem der Clubs im Dolphinarium an der Strandpromenade von Tel Aviv eine lange Schlange Jugendlicher auf den Einlass. In der Menge stand auch ein Palästinenser, der um 23:35 Uhr seinen Sprengstoffgürtel zündete und 21 Menschen mit in den Tod riss. Den Knall der Explosion, hieß es später, konnte man überall in Tel Aviv hören, auch bei einigen der Eltern der Getöteten. Ihre Kinder waren, ebenso wie die meisten der 132 Verletzten, zwischen 14 und 25 Jahre alt und stammten aus der ehemaligen Sowjetunion und hatten erst in den Neunzigern Aliyah gemacht. Mit diesem Attentat war der Nahost-Konflikt nach fünf Jahren Ruhe in der Stadt – der letzte Anschlag im Dizengoff Center am 4. März 1996 hatte 13 Menschen getötet und mehr als 130 verletzt – in dieser Nacht brutal zurückgekehrt.

Kurz nach dem Angriff fuhr der damalige Außenminister Joschka Fischer von einem Empfang des deutschen Botschafters in Herzliya in das wenige hundert Meter von der Stelle des Attentats entfernte Dan Hotel* und wurde Zeuge des Einsatzes der Rettungskräfte. Am Morgen des nächsten Tages legte er als Erster nach einer Schweigeminute an dem Ort der Verwüstung weiße Lilien nieder – vor jedem israelischen Politiker.

Heute erinnert an die Opfer ein Gedenkstein, auf dem in Russisch und Hebräisch die Namen der Toten zu lesen sind. Er steht vor einem riesigen, verwahrlosten, mit Graffiti besprayten grauen Betonklotz, der bei seiner Einweihung 1981 als das Disneyland Israels gefeiert wurde. Doch die Delphin-Show war von kurzer Dauer, die Clubs, die eingezogen waren, schlossen nach dem

Attentat. Seitdem gibt es immer wieder neue Pläne für das Dolphinarium-Areal.

Denen, die sich freitagnachmittags auf seiner dem Meer zugewandten Seite am ebenso heruntergekommenen Drummers Beach versammeln, sind die vermutlich egal. Wenn ihr Joint kreist zwischen den Klängen der Bongos und Didgeridoos, weht ein Hauch von alten Hippie-Zeiten über die Szenerie und lässt sie friedlich erscheinen.

MASADA

Als das UNESCO-Komitee auf seiner jährlichen Sitzung im Juli beschloss, Masada zum Weltkulturerbe zu erklären, wurde die Festung im Süden des Toten Meeres – zusammen mit der Altstadt von Akko – die erste von inzwischen neun (Stand 2017) Stätten Israels, die diese Auszeichnung bekam.

Bevor Ausgrabungen ab 1963 die Überreste freilegten, war der monumentale Bau auf dem Tafelberg lange Zeit in Vergessenheit geraten. König Herodes der Große (73 v.Chr. bis 4 n.Chr.) hatte ihn etwa 40-30 v.Chr. errichten lassen, und ein Teil der Festung bildete sein über mehrere Stufen in den Berghang integrierter Nordpalast mit weiter Sicht über die Judäische Wüste. Dazu kamen Wohn- und Lagerhäuser, Ställe und Wasserreservoire.

Während des 1. Jüdischen Aufstands gegen ihre Besatzer verschanzte sich hier jahrelang eine Gruppe von Rebellen. Als die Römer 73 n.Chr. auf der Westseite des Felsens eine riesige Rampe bauten, um mit Rammböcken die Mauern zu durchbrechen, wurde es für die Eingeschlossenen aussichtlos. Kurz vor der Erstürmung Masadas entschlossen sich die 960 Männer, Frauen und Kinder, als freie Menschen zu sterben und entzogen sich ihrer Gefangennahme durch Suizid. Der Mythos gilt bis heute als Symbol des jüdischen Freiheits- und Selbstbehauptungswillens. Noch Anfang der neunziger Jahre endete die Grundausbildung der Soldaten an diesem Ort mit dem Schwur »Masada darf nie wieder fallen«. Was so viel bedeutet wie »Israel darf nie wieder fallen«.

In der Festung Masada ließ Herodes seinen Palast am Nordende terrassenförmig an den schroffen, schwer zugänglichen Felswänden anlegen **157**

KEREN KAYEMETH LEISRAEL JNF-KKL

Am 29. Dezember feierte der Jüdische Nationalfond sein hundertjähriges Bestehen. Als der Keren Kayemeth LeIsrael JNF-KKL (übersetzt: Ewiger Fonds für Israel) 1901 auf dem 5. Zionistenkongress in Basel ins Leben gerufen wurde, sollte mit seiner Hilfe im noch unter osmanischer Herrschaft stehenden Palästina Land gekauft werden, um es für Juden zu erschließen und zu besiedeln. Und tatsächlich, als der Staat 47 Jahre später ausgerufen wurde, verfügte der Fond bereits über 100.000 Hektar Land, hatte 230 Ortschaften erbaut und fünf Millionen Bäume gepflanzt.

Dazu beigetragen hatten auch die Spenden aus der weltweit in vielen jüdischen Familien aufgestellten Blauen Büchse. Auch heute noch ist sie im Einsatz, nur ihr Äußeres wurde immer wieder dem Zeitgeschmack angepasst, ihre schmale, hohe Form jedoch ist unverändert geblieben. Welche Hoffnungen mit dem Sammeln des Geldes verbunden waren, zeigt sich daran, dass auch in den Ruinen des Warschauer Ghettos Blaue Büchsen gefunden wurden.

Heute haben sich die Aufgaben von Landkauf und Trockenlegung der Sümpfe gewandelt zu Aufforstung, auch Wieder-Aufforstung nach den verheerenden Waldbränden 2010 und 2016. Dazugekommen sind Forschung, Entwicklung und Umweltschutz – Themen, die noch nicht auf der Agenda Theodor Herzls* standen, als dieser gleich nach der erfolgreichen Abstimmung zur Gründung des Fonds die erste Sammelaktion startete.

JENIN

Am 27. März tötete ein Selbstmordattentäter in einem Hotel in der Küstenstadt Netanya, wo Gäste Pessach feiern wollten, 30 Menschen und verletzte mehr als 140. Am nächsten Tag erschoss ein Palästinenser eine vierköpfige jüdische Familie im Westjordanland, am darauffolgenden Morgen wurden zwei Israelis im Gaza-Streifen erstochen und wenige Stunden später starben in Jerusalem zwei Menschen, als neben ihnen eine Palästinenserin ihren Sprengstoffgürtel zündete.

Israel antwortete mit Vergeltungsmaßnahmen. Am 29. März besetzte die Armee Yassir Arafats* Hauptquartier bei Ramallah und stellte ihn unter Hausarrest. Kurz darauf drangen Soldaten in das Flüchtlingslager Jenin ein, in dem etwa 12.000 im Unabhängigkeitskrieg* vertriebene Palästinenser lebten.

Jenin, im Norden des Westjordanlandes, galt als Hochburg verschiedener Terrorgruppen, und der Auftrag der Armee lautete auf Verhaftung der Extremisten und Zerstörung ihrer Häuser. Überrascht wurde sie dabei von dem organisierten Widerstand der Bewohner, und als die Kämpfe nach elf Tagen endeten, zählte die israelische Seite 23 Tote und die palästinensische 52, davon etwa die Hälfte Zivilisten. Menschenrechtsorganisationen warfen Israel vor, ein Massaker in dem Lager begangen zu haben, was ein späterer UN-Bericht widerlegte.

Sechs Jahre darauf erschien der Name des Ortes erneut in den Medien der Weltöffentlichkeit. Nachdem der elfjährige Ahmed 2005 von israelischen Soldaten tödlich getroffen worden war, weil diese sein Spielzeuggewehr irrtümlich für eine echte Waffe gehalten hatten, entschloss sich Ismael Khatib, die Organe seines Sohnes zu spenden – auch an jüdische Kinder. Diese Versöhnungsgeste des in dem Flüchtlingslager geborenen Widerstandskämpfers der Ersten Intifada* erregte Aufsehen. Der deutsche Regisseur Markus Vetter besuchte mit Khatib die Familien der durch seinen Sohn geretteten Kinder und drehte über die dabei gesammelten Eindrücke den berührenden, 2008 in vielen Ländern gezeigten Film Das Herz von Jenin.

SPERRANLAGE

Am 16. Juni begannen die Arbeiten an dem Bauwerk, das der Internationale Gerichtshof zwei Jahre später als Verstoß gegen das Völkerrecht bezeichnete, Israel hingegen als notwendigen Sicherheitszaun gegen eindringende Terroristen. Eine über 700 Kilometer lange und bis neun Meter hohe Absperrung sollte sich künftig durch das Land ziehen, größtenteils als Metallzaun, stellenweise als Betonwall.

Tatsächlich stellte das 2002 eingerichtete Intelligence and Terrorism Information Center (ITIC) fest, dass mit dem Bau der Mauer eine »signifikante Reduzierung von tödlichen Selbstmordanschlägen« zu verzeichnen sei. Dennoch bleibt ihre Existenz umstritten, auch in der israelischen Gesellschaft. Abgesehen davon, dass sie in ihrer klobigen Hässlichkeit – Wachtürme und mehrfach gesicherte Checkpoints verstärken diesen Eindruck – das Landschaftsbild extrem stört, zieht sich die Sperranlage auch nicht entlang der zwischen Israel und Transjordanien 1949 vereinbarten grünen Linie, sondern zum überwiegenden Teil bis weit in das Gebiet des Westjordanlandes hinein. Durch ihren scheinbar willkürlichen Verlauf entstandene Enklaven sind von der Versorgung zuständiger Gemeinden ausgeschlossen, und Palästinensern ist der meist mit langen Wartezeiten verbundene Übergang zu Behörden, Ärzten, Arbeitsstellen nur noch mit speziellen Genehmigungen gestattet.

Einer der von Soldaten gesicherten Übergänge in der meterhohen Sperranlage, die sich rund 700 Kilometer durch das Land zieht (2015)

2003

ILAN RAMON

Das Bild, das am 1. Februar die Nachrichten beherrschte, hat sich in das kollektive Gedächtnis des Landes gebrannt. Es zeigte den Moment, als die Raumfähre Columbia bei ihrem Wiedereintritt in die Erdatmosphäre auseinanderbrach. Innerhalb einer Minute starb die siebenköpfige Crew. Unter den beiden Frauen und fünf Männern war auch Ilan Ramon, Israels erster und bis heute einziger Astronaut.

»Man sieht sich auf der Erde«, hatte der 48-jährige Oberst der Luftwaffe noch zwei Tage zuvor an seinen Bruder Gadi geschrieben. Doch bereits beim Start am 16. Januar war sein Schicksal besiegelt worden: Ein abgesprengtes Stück Schaumstoff hatte ein Loch in den Hitzeschild des Space Shuttles gerissen. Der Astronaut und seine Crew hatten keine Chance, lebend zurückzukehren.

Ilan Wolfermann, der am 20. Juni 1954 in Ramat Gan bei Tel Aviv geboren wurde und zu Beginn seiner Militär-Laufbahn den Namen Ramon annahm, war der Sohn einer polnischen Auschwitz-Überlebenden. Seinen Flug ins All sah er als einen späten Triumph über diejenigen, die seine Vorfahren auslöschen wollten, und um zu demonstrieren, welche Bedeutung die Shoah nicht nur für seine Familie, sondern für sein ganzes Land hatte, trug er

Ilan Ramon (1954-2003), Israels erster und einziger Pilot

auf dem Raumflug die Kopie eines Bildes bei sich, das ihm Yad Vashem* zur Verfügung gestellt hatte. Es war eine kleine Bleistiftzeichnung mit dem Titel »Mondlandschaft«, die der talentierte Autor und Zeichner Petr Ginz während seiner Inhaftierung im KZ Theresienstadt angefertigt hatte. Der aus Prag stammende Junge war mit 14 Jahren deportiert und zwei Jahre später in Auschwitz ermordet worden. Seine detaillierten Aufzeichnungen aus der Zeit der deutschen Besatzung wurden 2006 als »Prager Tagebuch 1941-1942« veröffentlicht.

Erst nach Ramons Tod wurde bekannt, dass er, der sowohl im Yom-Kippur-Krieg* als auch im Ersten Libanon-Krieg* Soldat gewesen war, zu jenen Kampfjet-Piloten gehörte, die 1981 den irakischen Atomreaktor Osirak zerstört hatten. In dieser Operation Opera* war er nicht nur der jüngste der Piloten gewesen, sondern hatte auch den Kurs des Einsatzes geplant.

Für seinen ältesten Sohn Assaf stand früh fest, dass er den Weg seines Vaters gehen wollte – als Pilot und später als Astronaut. Doch am 21. September 2009, nur sechseinhalb Jahre nach dem tragischen Tod seines Vaters, stürzte er bei einem Übungsflug mit seinem Kampfjet in den Bergen von Hebron ab. »Heute ist die ganze Nation in unendliche Trauer um den Tod von Assaf eingehüllt, der wie sein Vater Ilan vom Himmel abgestürzt ist. Es ist eine schreckliche Tragödie für das israelische Volk«, sagte Premierminister Benjamin Netanyahu*. Posthum wurde dem erst 21-Jährigen der Rang eines Hauptmanns verliehen.

Unzählige Schulen und Institutionen sind bereits nach seinem Vater benannt worden, jetzt trägt auch der zweitgrößte Flughafen des Landes, der 2018 eröffnet werden soll, den Namen Eilat Ilan and Assaf Ramon International Airport.

WEISSE STADT

An keinem Ort der Welt stehen so viele Häuser im Bauhaus-Stil wie in Tel Aviv: Rund 4.000 – bekannt als die Weiße Stadt – bilden ein riesiges Open Air-Museum. Da dieses Ensemble nicht nur einzigartig ist, sondern auch von großer architektonischer und historischer Bedeutung, verlieh ihm die UNESCO 2003 den Titel Weltkulturerbe.

Ein renovierter Klassiker des Bauhaus-Stils ist dieses weiße Mehrfamilieneckhaus mit runden Balkonen (2015)

Erbaut wurden die Häuser zwischen 1931 und 1956, insbesondere von 1933 bis 1948, als deutsche und osteuropäische Architekten, die in den dreißiger und vierziger Jahren vor den Nationalsozialisten nach Palästina geflohen waren, in der noch jungen Stadt die Regeln ihrer Lehrer Walter Gropius, Erich Mendelsohn und Mies van der Rohe umsetzten: modern, schlicht, schnörkellos und nach dem Bauhaus-Grundsatz »Die Form folgt der Funktion«.

2003

Über einen langen Zeitraum wurden diese zweckmä-
ßigen Mehrfamilienhäuser vernachlässigt, zersetzende
Umwelteinflüsse sowie praktische, aber hässliche Baumaß-
nahmen veränderten ihre Fassaden. Erst in den neunziger
Jahren erkannte man ihren Wert und stellte rund 1.000
Gebäude unter Denkmalschutz. Auch die Ehrung durch
die UNESCO schuf ein neues Bewusstsein. Die Stadtverwaltung beschloss Sonderprogramme für Geschoss-Rück-
bauten und Sanierungen, die durch Vermittlung bautech-
nischer und handwerklicher Kompetenzen auch von dem
deutschen Umweltministerium mit dem Netzwerk Weiße
Stadt Tel Aviv seit 2015 unterstützt werden.

Ganze Straßenzüge erstrahlen inzwischen in neuem
Glanz, die meisten und markantesten Gebäude finden
sich auf dem Rothschild Boulevard und am Dizengoff
Platz. In der Bialik Street 21 wurde 2008 in einem typischen White City-Gebäude ein kleines Bauhaus-Museum
eingerichtet, und mit dem jedes Jahr Ende Juni stattfin-
denden Festival der Weißen Nacht feiern die Tel Avivim
die einzigartige Architektur ihrer Stadt.

BREAKING THE SILENCE (BTS)

Alles lässt sich kritisieren in Israel, gegen jede politische Entscheidung demonstrieren, über religiöse Ausrichtungen diskutieren. Nur eines ist für den überwiegenden Teil der Gesellschaft, ob rechts, links oder liberal, ein Sakrileg: Soldaten der Israel Defense Forces* an den Pranger zu stellen. Genau das aber ist Sinn und Zweck der im März von ehemals in Hebron stationierten Militärangehörigen gegründeten Organisation Breaking the Silence (hebräisch: Shovrim Shtika).

Mit Aussagen, Dokumenten und einer auch in Deutschland gezeigten Ausstellung wollen die Veteranen die von ihnen und ihren Kameraden begangenen Übergriffe im Westjordanland, auf dem Golan und im Gaza-Streifen dokumentieren, um die öffentliche Debatte über die Situation der dortigen Bevölkerung anzuregen und letztendlich das Ende der Besatzung herbeizuführen. Die Glaubwürdigkeit des Gezeigten ist jedoch umstritten, denn um den Schutz ihrer Informanten zu garantieren, werden deren Angaben anonymisiert, was die Überprüfung erschwert.

Für viele Israelis sind die Darstellungen von BTS unerträglich. Immerhin ist das Militär seit Jahrzehnten der Garant für die Existenz des von Feinden umgebenen Staates. Und wohl jeder hat in den vergangenen Kämpfen ein Familienmitglied oder einen Freund verloren. Diese Menschen jetzt als Kriegsverbrecher dargestellt zu sehen, lehnen selbst viele der radikalsten Gegner des derzeitigen politischen Kurses ab.

YASSIR ARAFAT

In der Nacht zum 11. November starb Yassir Arafat in einem Krankenhaus in Paris – tatsächlich eines natürlichen Todes, wie nach der Exhumierung des Leichnams Jahre später bestätigt wurde, und nicht durch einen Giftanschlag, wie lange Zeit behauptet wurde. Nach einer Trauerfeier in Kairo, wo er am 24. August 1929 geboren worden war, flog man den Sarg zur Beisetzung nach Ramallah. Seinen Wunsch, auf dem Tempelberg bestattet zu werden, soll der israelische Justizminister Yosef Lapid abgelehnt haben mit der Begründung: »In Jerusalem liegen jüdische Könige begraben, keine arabischen Terroristen.«

Trotz des Friedensnobelpreises*, den er gemeinsam mit Shimon Peres* und Yitzhak Rabin* 1994 erhalten hatte, unterstützte er im Jahr 2000 die Zweite Intifada* und blieb somit der Gegner, der er für Israel immer gewesen war. Seit 1959 führte er, nach Abschluss eines Ingenieurstudiums, die von ihm gegründete Kampfbewegung Fatah. Fünf Jahre später übernahm er die Leitung der Palestinian Liberation Organisation* und war bis zu seinem Tod deren Vorsitzender, allerdings mit wechselndem Erfolg. Während seine Macht intern gefestigt war, musste er mit seiner Vertreibung aus Jordanien und später auch aus Tunesien außenpolitisch zwei schwere Niederlagen hinnehmen.

Dennoch erkannten die arabischen Staaten die PLO 1973 als alleinige Repräsentantin des palästinensischen Volkes an, und ein Jahr später konnte Arafat vor der UN-Vollversammlung in New York sprechen. Sein Auftritt wurde legendär, weniger der Rede wegen als aufgrund der von ihm gezeigten Symbolik: Als er am Mikrofon stand, hielt er als Zeichen des Friedens

einen Olivenzweig in der Hand, während sich unter seiner Kampf-Uniform, die er stets trug, seine Pistole abzeichnete. Ab 1988 trat er jedoch für eine Abkehr vom
Terrorismus und die Anerkennung Israels ein.

Nachdem er 1994 die Führung der Palästinensischen
Autonomiebehörde übernommen hatte (die er bis zum
Lebensende beibehielt), verlegte er zwei Jahre später sein
Hauptquartier in die Nähe der Stadt Ramallah im West-
jordanland. In einem 2008 fertiggestellten Mausoleum
fand er dort seine letzte Ruhe.

Yassir Arafat (1929-2004), Vorsitzender der PLO, Chef der Palästinensischen Autonomiebehörde und Friedensnobelpreisträger

GAZA-ABZUG

Am 15. August kamen israelische Soldaten und setzten um, was Premierminister Ariel Sharon* 2004 angekündigt hatte: die Räumung des seit dem Sechs-Tage-Krieg* besetzten Gaza-Streifens. Rund 9.000 jüdische Siedler aus 21 Ortschaften wurden in Mobilheimen untergebracht und mussten sich neue Existenzen aufbauen, ihre zum Teil seit Jahrzehnten bewohnten Häuser wurden zerstört. Weder Proteste in der Bevölkerung noch in der eigenen (Likud-)Partei konnten diesen erzwungenen Abzug verhindern.

Der sogenannte Sharon-Plan, mit dem der ehemalige Befürworter des Siedlungsausbaus Geschichte schrieb, bedeutete eine immense Einsparung der Kosten, die zum Schutz der Siedler aufgebracht werden mussten. Die gleichzeitig erhoffte Entspannung in der Region allerdings misslang, denn das nach dem Abzug der israelischen Armee am 12. September entstandene Machtvakuum nutzte die islamistisch ausgerichtete Hamas für sich. Deren erklärte Absicht war die Zerstörung Israels und als sie einige Monate später bei den Wahlen die absolute Mehrheit errang, verdrängte sie die gemäßigtere Fatah und nahm die im Süden Israels liegenden Orte mit von ihr entwickelten Qassam-Raketen unter Dauerbeschuss. Israel reagierte mit einer Blockade des Gaza-Streifens und den militärischen Operationen Gegossenes Blei (2008), Wolkensäule (2012) und Schutzlinie (2014). Diese drei Gaza-Kriege forderten auf beiden Seiten unzählige Opfer.

Die Lage für die Menschen in dem 360 Quadratkilometer großen Küstenstreifen hat sich unter dem Hamas-Regime – längst wird das Gebiet als Hamastan bezeichnet – drastisch verschlechtert. Strom gibt es stundenweise,

Trinkwasser manchmal und Arbeit nur noch für einen kleinen Teil der knapp zwei Millionen Bewohner.

Seit dem 3. Oktober 2017 hofft man jedoch auf positive Veränderungen: In Kairo führten die verfeindeten palästinensischen Parteien Versöhnungsgespräche mit dem Ergebnis, die Kontrolle über den Gaza-Streifen in die Hände des im Westjordanland regierenden Fatah-Vorsitzenden Mahmoud Abbas zu legen und damit die Sanktionen von EU und USA zu lockern, die die Hamas als Terrororganisation einstufen.

BDS-BEWEGUNG

Israel müsse die Besatzung des arabischen Landes beenden, die Sperranlage* abreißen, jüdische Siedlungen im Westjordanland aufgeben sowie das Selbstbestimmungsrecht der Palästinenser anerkennen und ihnen und ihren Nachkommen das Rückkehrrecht zugestehen. So lauteten die Forderungen der 171 palästinensischen Organisationen, die sich am 9. Juli als BDS-Bewegung zusammenschlossen.

BDS steht für Boycott, Divestment and Sanctions (Boykott, Desinvestitionen und Sanktionen), und mit ihren Kampagnen rufen die Aktivisten Regierungen, Unternehmen und Künstler auf, Israel politisch, wirtschaftlich und kulturell zu isolieren – um dessen vermeintlicher Apartheidpolitik und Menschenrechtsverletzungen ein Ende zu setzen.

Insbesondere der Druck auf die Musikbranche ist enorm, denn abgesagte Auftritte internationaler Stars sind medial gut zu vermarkten und verschaffen der BDS-Bewegung eine weitere, breitere Öffentlichkeit. Musiker, die sich widersetzen und Israel bewusst besuchen, werden diffamiert und von BDS-nahen Veranstaltern nicht mehr gebucht.

Die Macht der BDS-Lobbyisten wächst. Internationale NGOs, nationale Gruppierungen und Privatpersonen unterstützen die antiisraelischen und zuweilen antisemitischen Boykott-Appelle. Auch in Deutschland, wo es schon mal hieß: »Kauft nicht bei Juden!«

Israel jedoch wehrt sich. Anfang 2018 hat die Regierung eine Liste von 20 Organisationen bekanntgegeben, deren Mitglieder nicht mehr einreisen dürfen. Außerdem will sie eine Summe in zweistelliger Millionenhöhe zur Verfügung stellen, um Maßnahmen gegen BDS zu finanzieren.

ZWEITER LIBANON-KRIEG

Am 12. Juli entführten Mitglieder der libanesischen Hisbollah, einer auch von der Liga der arabischen Staaten als
Terrororganisation eingestuften Organisation, zwei israelische Soldaten, um die Freilassung in Israel inhaftierter
Libanesen zu erpressen. Um die Verschleppung der Geiseln
in den die Hisbollah unterstützenden Iran zu verhindern,
bombardierte Israel noch am selben Tag Verkehrswege im
Libanon und rückte mit Bodentruppen in grenznahe Stellungen ein. Die Gegenseite beschoss daraufhin Orte im
Norden Israels mit bis zu 200 Raketen täglich. Etwa eine
Million Israelis mussten in den folgenden Wochen ständig
in Bunkern Schutz suchen, wenn sie sich nicht schon in
sicherere Gebiete im Landesinnern gerettet hatten.

Auf Vermittlung der UN endete dieser Zweite Libanon-Krieg am 14. August mit einem Waffenstillstand.
Auf beiden Seiten, insbesondere unter den libanesischen
Zivilisten, waren die Verluste hoch. Dennoch feierte sich
die Hisbollah als Sieger. In Israel hingegen wurde man
sich bewusst, dass man, auch wegen schwerer Planungsfehler, zum ersten Mal in einem militärischen Konflikt
weder die Bevölkerung ausreichend schützen noch Ge-
ländegewinne verbuchen konnte.

In dem Jahr arbeitete David Grossmann an seinem Roman »Eine Frau flieht vor einer Nachricht«, in dem er eine
Mutter beschreibt, die sich davor fürchtet, dass ihr Sohn im
Krieg fällt. Am 12. August erreichte den Schriftsteller genau
diese Nachricht: Der Panzer seines 20-jährigen Sohnes Uri
war von einer Hisbollah-Rakete getroffen worden.

Die Leichen der beiden entführten Soldaten wurden
im Juli 2008 im Rahmen eines Gefangenenaustausches
ihren Familien übergeben.

2006

COMBATANTS FOR PEACE

Es schien unmöglich, dass sich diese Menschen treffen; noch unmöglicher schien es, dass sie gemeinsam – und nicht wie bisher gegeneinander – kämpften. Und doch taten sich Israelis, die in der IDF gedient hatten oder gleich zu Verweigerern geworden waren und dafür im Gefängnis gesessen hatten, und Palästinenser, die mit Terrorakten gegen ihre Besatzer vorgegangen waren und ebenso in Haft gewesen waren, zusammen. Sie gründeten, auch als Nachwirkung des Zweiten Libanon-Krieges*, Combatants for Peace. In der Überzeugung, dass der Kreislauf des Hasses und der Gewalt nur gemeinsam beendet werden kann.

Sichtbarstes Zeichen wurde ihre alljährliche Gegenveranstaltung zu der Zeremonie des Yom HaZikaron*: Während man bisher ausschließlich auf der israelischen Seite der gefallenen Soldaten und Opfer des palästinensischen Terrors gedacht hatte, riefen die Friedensaktivisten nun beide Seiten auf, die Trauer des jeweils anderen anzuerkennen. Ziel der Initiative war und ist eine gewaltfreie Lösung des Nahost-Konfliktes, und um den binationalen Dialog voranzutreiben, organisiert sie Diskussionen mit ehemaligen Feinden.

Gemeinsame Sache mit arabischen Ex-Terroristen zu machen, kommt in Israel nicht überall gut an. Lizzie Doron, eine der berühmtesten Schriftstellerinnen des Landes, deren Bücher über Überlebende der Shoah preisgekrönt sind, hat sich für ihr Buch Sweet Occupation mit Mitgliedern der Bewegung getroffen und über sie geschrieben. Erschienen ist es in Deutschland, israelische Verlage lehnen seine Veröffentlichung ab. Zu politischen Veranstaltungen, bei denen sie in der Vergangenheit gern gesehener Gast war, wird sie nicht mehr eingeladen. **173**

TEDDY KOLLEK

Kein Name, der sich so intensiv verbindet mit Jerusalem, wie der des am 2. Januar in »seiner« Stadt verstorbenen Teddy Kollek. Mit vollem Namen hieß er Theodor, nach dem großen Zionisten Theodor Herzl*, aber so nannte niemand ihn, den Unprätentiösen, dessen Telefonnummer sogar zu seinen Bürgermeister-Zeiten im Telefonbuch zu finden war.

Geboren am 27. Mai 1911 im ungarischen Nagyvázsony, aufgewachsen in Wien, machte er 1935 Aliyah und gründete zwei Jahre später mit Gleichgesinnten den Kibbuz Ein Gev am See Genezareth. Während des Zweiten Weltkrieges arbeitete er in London und Istanbul für die Jewish Agency* – nachdem er zuvor bei Adolf Eichmann die Freilassung von 3.000 jüdischen Jugendlichen erwirkt hatte – und beschaffte anschließend Waffen für die Haganah. Nach einem Zwischenstopp als Botschafter in Washington berief ihn David Ben Gurion* 1952 zu seinem Büroleiter.

1965 wurde Teddy Kollek Bürgermeister von Jerusalem und blieb es 28 Jahre lang, fünf Mal in Folge wiedergewählt. Kein leichtes Amt in der »heterogensten Stadt im heterogensten Land«, wie er sie bezeichnete. Als er es antrat, lag der Ostteil noch in jordanischer Hand, erst der Sechs-Tage-Krieg* hob die Teilung auf. Ab dann trat er für eine konfliktfreie Koexistenz der Religionen ein. Schon 1966 hatte er die Jerusalem Foundation gegründet, die weltweit Spenden sammelt für gemeinsame Projekte im Kultur- und Bildungsbereich. Unzählige nationale und internationale Auszeichnungen, Ehrendoktortitel aller namhaften Universitäten eingeschlossen, wurden ihm für sein Engagement verliehen. Trotzdem blieb er immer der Bürgermeister zum Anfassen, der zu Fuß und ohne Bodyguards durch die Straßen ging. »Teddy ist Jerusalem, und Jerusalem ist Teddy«, hieß es damals.

Er hätte sich gern noch weitere fünf Jahre um die Belange der Stadt gekümmert, hat er einmal gesagt. Doch 1993 verlor er die Wahl und der spätere Premierminister Ehud Olmert zog in das Rathaus, nicht unbedingt zum Wohle der Stadt: Im Dezember 2015 wurde er zu 27 Monaten Haft verurteilt wegen unerlaubter Annahme von Geldern – und zwar während seiner Zeit als Bürgermeister Jerusalems.

Da ruhte Teddy Kollek längst auf dem Herzlberg – dort, wo auch das Grab des Mannes zu finden ist, dessen Vornamen er trägt.

Teddy Kollek (1911-2007), sechsfacher Bürgermeister Jerusalems (1988)

MAMILLA MALL

Größer kann ein Kontrast kaum sein: hier das Jaffa Gate zu den verwinkelten, ausgetretenen Gassen der Altstadt, gegenüber das Entree zu der elegant kühlen Mamilla Mall. Historisches versus Hypermodernes. Doch nur auf den ersten Blick, denn natürlich entsteht in Jerusalem Neues immer aus Älterem.

Die Geschichte des Mamilla Viertels beginnt Ende des 19. Jahrhunderts. Schon damals wurde an diesem Ort Handel getrieben, von jüdischen wie arabischen Kaufleuten. Als jordanische Truppen im Unabhängigkeitskrieg* den Ostteil der Stadt besetzten, verkam die Gegend zu einem Arme-Leute-Viertel, in dem vorwiegend kurdische Immigranten untergebracht wurden. Erst nachdem Ostjerusalem 1967 befreit wurde, rückte der Bezirk in den Fokus der Stadtplaner.

Die meisten seiner Gebäude waren nach diversen Attacken von jordanischer Seite so zerschossen, dass nur ihr Abriss sinnvoll erschien. Die Bevölkerung protestierte heftig, denn in seinem Zentrum stand das Stern House, in dem Theodor Herzl* während seines Palästina-Besuches 1898 logiert hatte, als er in Jerusalem Kaiser Wilhelm II. traf, um auch ihn von der Idee eines eigenen Judenstaates zu überzeugen. Erst eine Klage vor dem Obersten Gerichtshof bewahrte dieses Gebäude wie auch die umliegenden vor ihrer Zerstörung. Obwohl 1972 die Renovierung des Areals genehmigt worden war, vergingen bis zu deren Umsetzung noch Jahrzehnte wirtschaftlicher und politischer Querelen, auch weil für die geplante Luxusmeile unzählige Familien umgesiedelt werden mussten.

Um die Vorgabe der Stadtverwaltung einzuhalten,

die Häuser eins zu eins wieder zu errichten, wurde jeder einzelne Fassadenstein – natürlich der traditionelle helle Jerusalem-Stein, der schon zu Herodes Zeiten verbaut wurde – mit einem aufgemalten Code aus Zahlen und Buchstaben versehen und konnte so an seiner ursprünglichen Stelle eingesetzt werden. Dieses Muster – besonders deutlich am Stern House zu sehen, in dem heute ein Laden der größten Buchhandelskette Steimatzky untergebracht ist – verleiht der Mall eine ungewöhnliche Optik.

Am 28. Mai 2007 konnte ein Teil von ihr eröffnet werden, im Frühjahr des folgenden Jahres der Rest des Komplexes, in dem auch ein Fünf-Sterne-Hotel und High-Class-Apartments integriert sind. Internationale Label zogen in die Läden. Von den Terrassen der Bistros fällt der Blick auf die Mauern der Altstadt – und so ist eine perfekte Symbiose geschaffen.

Viele Steine in der Fassade des ehemaligen Hauses der Familie Stern zeigen noch Spuren ihrer Markierung (2017)

ALICE SCHWARZ-GARDOS

Als sie am 14. August in Tel Aviv starb, verstummte mit ihr die deutsche Stimme Israels. Seit 1949 hatte Alice Schwarz-Gardos mit den Israel-Nachrichten all jene informiert, die in den dreißiger Jahren ihre Heimat verlassen mussten und sie als Überlebende der Shoah niemals wieder betreten wollten. Viele der ins damalige Palästina geflohenen ehemaligen Deutschen, Jeckes genannt, lernten bis an ihr Lebensende kein Hebräisch. Und so wurde die 1936 von dem Einwanderer Siegfried Blumenthal gegründete und 1974 in Chadaschot Israel umbenannte Zeitung ihre tägliche Verbindung zum Weltgeschehen. Ein Jahr später, 1975, übernahm die am 31. August 1915 in Wien geborene Alice Schwarz-Gardos die Leitung und hielt sie bis zu ihrem Tod.

Die älteste Chefredakteurin der Welt fuhr noch täglich in ihr Büro in der HaNegev Street und tat das, was sie seit 1949 getan hatte: Schreiben. Reportagen, Porträts, Analysen, Kommentare, über 5.000 Beiträge soll sie verfasst haben, auch als Korrespondentin für europäische Zeitungen. Dazu kam rund ein Dutzend Bücher.

Deutschland verlieh ihr das Bundesverdienstkreuz 1. Klasse für ihre herausragenden Verdienste um die deutsche Sprache und die israelisch-deutschen Beziehungen. Die Versöhnung war ihr ein Anliegen. Obwohl sie 1939 – als Kind war sie mit ihren Eltern nach Preßburg (Bratislava) gezogen und hatte dort als Jüdin ihr Medizinstudium aufgeben müssen – nach der Besetzung des Protektorats Böhmen und Mähren durch die Nationalsozialisten vor eben jenen fliehen musste.

»Jede Bundesregierung und jeder Bundeskanzler vor mir waren der besonderen historischen Verantwortung Deutschlands für die Sicherheit Israels verpflichtet. Diese historische Verantwortung Deutschlands ist Teil der Staatsräson meines Landes. Das heißt, die Sicherheit Israels ist für mich als deutsche Bundeskanzlerin niemals verhandelbar.« Als Angela Merkel am 18. März anlässlich Israels Staatsgründung* vor 60 Jahren diese Worte sagte, war sie die erste ausländische Regierungschefin, die in der Knesset sprechen durfte.

Ihr Auftritt war allerdings umstritten. Mehrere Abgeordnete, die es als Nachkommen von Shoah-Überlebenden unerträglich fanden, dass im Parlament deutsche Worte zu hören waren, verließen schon vorher den Saal. Als die Bundeskanzlerin jedoch mit einigen hebräischen Sätzen begann und endete, klatschte das verbliebene Plenum – was ihm laut Statuten des Hauses eigentlich untersagt ist.

Die Rede war der Höhepunkt des dreitägigen Besuches, bei dem erstmals auch Regierungskonsultationen beider Länder stattfanden. Zuvor hatte Angela Merkel in Yad Vashem* einen Kranz niedergelegt und auch dort bereits an die Verantwortung Deutschlands für die Shoah erinnert.

PROZESS MOSHE KATSAV

Bis zuletzt beteuerte Moshe Katsav seine Unschuld. Und doch erhob das Gericht am 19. März Anklage wegen Vergewaltigung und sexueller Nötigung gegen das inzwischen zurückgetretene Staatsoberhaupt. Die ihm vorgeworfenen Straftaten soll er während seiner Amtszeiten als Präsident (2000-2007) und zuvor als Tourismusminister begangen haben. Die Chance auf eine außergerichtliche Einigung, in der er sich mit einer Bewährungs- und Geldstrafe hätte einverstanden erklären können, ließ er ungenutzt.

Am 30. Dezember 2010 wurde er wegen Vergewaltigung einer Angestellten und der sexuellen Belästigung in weiteren Fällen schuldig gesprochen. Das drei Monate später bekanntgegebene Strafmaß lautete auf sieben Jahre Haft, die er am 7. Dezember 2011 antreten musste.

Ein tiefer Sturz für einen extrem erfolgreichen Politiker: Der am 5. Dezember 1945 im persischen Yazd geborene und sechs Jahre später mit seiner Familie nach Israel ausgewanderte Katsav wurde mit 24 Jahren Israels jüngster Bürgermeister in der Stadt Kiryat Mal'achi. Danach hatte er als Mitglied der Likud-Partei mehrere Ministerämter inne, bevor er sich 2000 gegen Shimon Peres* durchsetzen konnte und zum Staatspräsidenten gewählt wurde. Eingehen in die Geschichte wird Moshe Katsav jedoch als erster Staatspräsident, der im Gefängnis saß.

Nach mehreren abgelehnten Gnadengesuchen wurde dem letzten stattgegeben und Katsav verließ am 21. Dezember 2016 die Haftanstalt. Die üblichen Vergünstigungen für ehemalige Präsidenten – Büro mit Sekretär und Auto mit Fahrer – sollen ihm nicht gewährt worden sein.

Am 28. Mai verließ ein Konvoi von sechs Schiffen Zypern und nahm Kurs auf den Gaza-Streifen. Alle sechs waren finanziert von islamistischen Gruppierungen nahestehenden Organisationen wie der türkischen Stiftung für Menschenrechte, Freiheiten und Humanitäre Hilfe. Sie hatte die Planung dieses Einsatzes übernommen und das größte Schiff, die Mavi Marmara, gekauft, um auf ihr rund 580 Palästina-Sympathisanten mitzunehmen.

Ziel dieser Fahrt war, die seit 2007 bestehende israelische Seeblockade aufzubrechen und Hilfsgüter in den Gaza-Streifen zu transportieren. Bereits im Vorfeld hatte Israels Regierung erklärt, den Konvoi zu stoppen, die Fracht aber im Hafen von Ashdod prüfen und in den Gaza-Streifen weiterleiten zu wollen. Da die Aktivisten das Angebot ablehnten und stattdessen weiter Kurs auf die Küste nahmen, umzingelten israelische Schiffe den Konvoi und Soldaten enterten am 31. Mai die Mavi Marmara, auf der die Passagiere mit Eisenstangen und Äxten Widerstand leisteten. Neun von ihnen wurden getötet, die anderen festgenommen und später abgeschoben.

Der israelische Militäreinsatz sorgte für Empörung und der Zwischenfall für Aufsehen – auch weil der schwedische Schriftsteller Henning Mankell und Abgeordnete der deutschen Partei Die Linke die Aktion als Passagiere unterstützt hatten. Nachdem die Türkei ihren Botschafter aus Israel abgezogen hatte, entschuldigte sich Benjamin Netanyahu* im März 2013 bei Regierungschef Recep Tayyip Erdoğan für den Tod der Aktivisten und ließ ihren Familien Entschädigungen auszahlen.

Vor hundert Jahren, am 29. Oktober 1910, gründeten zehn Männer und zwei Frauen, Zionisten aus Weißrussland, am südlichen Ufer des Sees Genezareth eine landwirtschaftliche Kollektivsiedlung. Beseelt von dem Gedanken, eine Gemeinschaft zu bilden, in der jedes Mitglied gleich ist, schufen sie dort den ersten Kibbuz (hebräisch für Sammlung, Versammlung).

Degania, eines seiner Mitglieder war übrigens Joseph Trumpeldor*, wurde zum Vorbild für etwa 270 Kibbuzim, die in späteren Jahren folgten. Und obwohl weit weniger als zehn Prozent der Bevölkerung irgendwann einmal Kibbuzniks waren, stand der Kibbuz zumindest aus ausländischer Sicht für die bevorzugte Lebensform der Israelis.

Tatsächlich waren diese Siedlungen von großer Bedeutung für das Land. In ihren Anfangsjahren fiel ihnen nicht nur die Rolle der Verteidigungsposten gegen arabische Angreifer zu, einige dienten auch als Ausbildungsstätte der Haganah, sondern vor allem die des Aufbaus der Landwirtschaft. Gleichzeitig waren sie die Orte, an denen Neueinwanderer perfekt in die zionistisch-sozialistische Gesellschaft integriert werden konnten.

Wer Kibbuznik wurde, arbeitete unentgeltlich und besaß nichts. Dafür stellte ihm die Gemeinschaft Wohnraum, Essen und Kleidung zur Verfügung. Darüber hinaus wurden die Kinder betreut und ihre Ausbildung finanziert, die Wäsche gewaschen, die Mahlzeiten zubereitet, medizinische Versorgung organisiert. Was der Kibbuz erwirtschaftete, meist durch Anbau von Obst und Gemüse sowie Tierhaltung, teilten sich alle, und alle arbeiteten so, wie es ihnen möglich war.

Längst ist das Konzept Vergangenheit. Privates Eigentum ist erlaubt, die Versorgung der Bewohner liegt in den meisten Kibbuzim in den Händen von Fremdfirmen. Vor allem aber haben sich die Erzeugnisse geändert. Wo früher Kühe gemolken und Baumwolle gepflückt wurde, entstanden Hightech-Fabriken, in denen Produkte für den internationalen Markt hergestellt werden.

In Degania, wo man sich wegen des schnellen Anwachsens seiner Mitgliederzahl 1920 für die Gründung eines benachbarten Kibbuz Degania Bet entschied (und ab dann den ursprünglichen Degania Alef nannte), werden heute Medizinartikel aus Silikon gefertigt.

The Gordon House in Degania Alef gehört zu einem Museumskomplex, in dem die Geschichte der Region und des Kibbuz gezeigt wird (2008)

ZELTSTADT ROTHSCHILD BOULEVARD

Es begann mit einem am 14. Juli auf dem Rothschild Boulevard in Tel Aviv aufgestellten Zelt und wurde zu dem größten sozialen Protest, den das Land je erlebt hat. Innerhalb weniger Tage entstand auf dem Mittelstreifen der 1,5 Kilometer langen Prachtstraße eine Stadt der Iglu-Zelte, eingerahmt von Teppichen, Sofas, Stühlen und Tischen.

Hunderte Tel Avivim lebten aus Protest zwei Monate lang in einer Zeltstadt auf dem Rothschild Boulevard (2011)

Es sollte eine Demonstration gegen die verfehlte Wohnungsbaupolitik der Regierung sein, die, so der Vorwurf, nur in Projekte in den Siedlungen und in Ost-jerusalem investierte. Die Folge: zu wenig Wohnraum in Großstädten wie Tel Aviv und überhöhte Mieten, die selbst für den Mittelstand nicht mehr bezahlbar waren.

Schon im Juni hatte sich die Knesset mit wütenden Vorhaltungen über soziale Missstände auseinanderset-zen müssen. Nachdem sie im Jahr zuvor die Preisbindung für Milchprodukte aufgehoben hatte, war ausgerechnet der Hüttenkäse, der in Israel geradezu ein Grundnahrungsmittel darstellt, doppelt so teuer geworden. Die Nationalspeise wurde zur Luxusware, und Verbraucher riefen über Facebook zu dessen Boykott auf, was die Milchproduzenten des Landes empfindlich traf.

Mit der Errichtung der Zeltstädte – auch andere Orte zogen nach – bekamen die Proteste eine neue Dimension. Die Demonstranten, die sich für eine Förderung des sozialen Wohnungsbaus und die Verabschiedung eines neuen Mietpreisgesetzes einsetzten, bekamen Unterstützung durch organisierte Massenkundgebungen.

Zwei Monate später war der Rothschild Boulevard wieder geräumt. An den Preisen der Mieten und der Grundnahrungsmittel änderte sich nichts.

FREILASSUNG GILAD SHALIT

»Als der Hai und der Fisch sich zum ersten Mal trafen« hieß Gilad Shalits Geschichte zweier Feinde, die gegen den Willen ihrer Familien zu Freunden werden. Er war elf, als er sie 1997 als Schularbeit schrieb, und niemand wäre auf die Idee gekommen, dass dieser Text eines Tages von seinen Eltern veröffentlicht und in mehrere Sprachen übersetzt werden würde. Die Einnahmen flossen in eine Stiftung, die Kampagnen für Shalits Freilassung finanzierten.

Am 25. Juni 2006 war der damals 19-jährige Soldat von Mitgliedern der Hamas auf israelischem Boden entführt und an einen unbekannten Ort im Gaza-Streifen gebracht worden. Die Medien berichteten über ihn, **185** immer wieder. Weiß-blaue Banner mit seinem Porträt wurden an Hauswänden aufgehängt, seine Eltern organisierten Erinnerungsmärsche, an dem Jahrestag seiner Gefangennahme fanden Solidaritätskundgebungen statt. Auch international wurde das Schicksal des am 28. August 1986 in Nahariya geborenen Gilad Shalit bekannt, Regierungen und Menschenrechtsorganisationen forderten das Ende seiner Geiselhaft.

Am 18. Oktober, fünf Jahre und vier Monate nach seiner Gefangennahme, wurde er im Zuge eines Austausches freigelassen – gegen mehr als 1.000 in Israel einsitzende Palästinenser. Kurze Zeit darauf beendete er seinen Armeedienst und wurde Sportreporter. Über seine Zeit der Gefangenschaft, in der er Himmel und Sonne nur manchmal im Fernsehen gesehen habe, hat er öffentlich wenig gesprochen. In einem Interview erzählte er allerdings von seiner Angst, dass seine Geschichte so ungeklärt bliebe, wie die der Verschleppung Ron Arads*, der als Captain der israelischen Luftwaffe 1986 über dem Libanon abgeschossen worden war und seitdem verschollen ist.

Gilad Shalit bei seiner Ankunft zwischen seinem Vater Noam Shalit (re.), Benjamin Netanyahu und Verteidigungsminister Ehud Barak (ganz links)

NATIONALTHEATER HABIMAH

1905 oder 1912, 1916 oder 1918 – über das Jahr seiner Gründung sind sich die Quellen nicht einig – etablierte sich in Moskau das hebräischsprachige Theater HaBimah (Die Bühne). Nach einigen Tournee-Jahren ging ein Teil des Ensembles 1931 nach Tel Aviv und begründete die dortige Schauspielkunst.

Als der Bau einer eigenen Spielstätte anstand, nahm Oskar Kaufmann den Auftrag an, da er im nationalsozialistischen Deutschland ohnehin keine Zukunft für sich sah. Der renommierte Architekt, in Ungarn geboren und viele Jahre in Deutschland lebend, hatte unter anderem das Renaissance-Theater und die Volksbühne in Berlin konzipiert.

1945 konnte das von ihm entworfene Gebäude im Stil eines griechischen Tempels mit sechs Säulen und halbrundem Vestibül am Rothschild Boulevard eröffnet werden. In dem Ensemble des HaBimah, benannt nach seinem russischen Vorbild, waren die berühmtesten Schauspieler des Landes vereint. 1958 wurde es schließlich zum Nationaltheater des Landes gekürt, woraufhin staatliche Subventionen den Finanzhaushalt aufstockten.

In den Folgejahren ließen es bauliche Veränderungen, Vergrößerungen vor allem, an Eleganz fehlen und verwandelten das historische Haus in einen grauen Betonklotz. 2007 wurde es geschlossen und von Ram Karmi, einem der führenden Architekten des Landes, komplett umgestaltet. Seit seiner Wiedereröffnung Anfang 2012 erstrahlt die Fassade des in die Höhe gebauten Quaders in makellosem Weiß. An seiner schmalen Seite wölbt sich Richtung Rothschild Boulevard eine halbrunde Glasfront, die den Blick freigibt auf die noch von dem ersten Architekten gestalteten Säulen. Vier Säle können bespielt werden und der größte, in Blau gehalten, heißt immer noch »Rovina«, benannt nach der legendären Hanna Rovina (1889-1980), die mit der Rolle der Le'ah in dem Stück »Der Dybbuk« zur Ikone der Theaterwelt wurde und eine der russischen Mitbegründerinnen des HaBimah war.

Das Nationaltheater HaBimah gilt seit seiner Wiedereröffnung 2012 als eines der schönsten Schauspielhäuser (2014)

WAHL DER OBERRABBINER

Es waren gleich zwei Söhne, die Jahre nach ihren Vätern diesen in das Oberrabbinat nachfolgten, das seit 1911 aus einer Doppelspitze besteht: Yitzhak Yosef wurde das Oberhaupt der (nach ihrer Vertreibung 1492 aus Spanien im Mittelmeerraum angesiedelten) Sephardim und David Lau das der (aus Mittel- und Osteuropa stammenden) Ashkenasim. Der eine beerbte Ovadia Yosef, der 40 Jahre zuvor zum religiösen Führer bestimmt worden war, der andere Yisrael Me'ir Lau, der die Position bis 2003 innegehabt hatte.

Oberrabbiner oder auch Großrabbiner haben in erster Linie verwaltungstechnische Aufgaben (Beaufsichtigung von Synagogen, Überwachung von Speisegesetzen), aber natürlich sind sie auch für alle religiösen Fragen zuständig. Ob dafür nicht nur ein Oberrabbiner ausreicht, darüber wird seit Jahren diskutiert.

Als am 24. Juli 2013 aber noch für zwei abgestimmt wurde – von 80 Rabbinern und 70 Bürgermeistern und Knesset-Abgeordneten, darunter erstmals zehn Frauen – entsprach die Wahl ihrem vorgeschriebenen zehnjährigen Turnus und bedeutete gleichzeitig das vorläufige Ende der Affäre Yona Metzger. Der ashkenasische Oberrabbiner war wegen schwerer Korruptionsvorwürfe einen Monat zuvor zurückgetreten. Im November wurde er verhaftet und im Januar 2017 wegen Bestechlichkeit zu dreieinhalb Jahren Gefängnis und einer Geldstrafe von umgerechnet 1,2 Millionen Euro verurteilt.

Dessen Nachfolger David Lau war der jüngste Oberrabbiner Israels. Sein Vater Yisrael Me'ir Lau soll zu der Wahl seines am 13. Januar 1966 in Tel Aviv geborenen Sohnes gesagt haben, sie sei eine Antwort an die Nazis,

die außer seinem Bruder und ihm die Familie ausgelöscht hatten.

An der Inaugurationsfeier am 14. August nahm
auch noch der Vater des am 16. Januar 1952 in Jerusalem geborenen Yitzhak Yosef teil. Als der wie ein Heiliger verehrte Ovadia Yosef wenige Wochen darauf am
13. Oktober starb, kamen Hunderttausende Trauernde
zu der Beerdigung des 93-Jährigen. Geleitet wurde sie
von Rabbiner Uri Zohar, der nur sechs Wochen später
Arik Einstein* bestattete – und somit innerhalb kürzester Zeit das religiöse wie das säkulare Israel zu Grabe
trug.

ARIK EINSTEIN

Ani ve'ata – Ich und du verändern die Welt: Israel ist
erwachsen geworden mit diesem Lied, mit allen Lie-
dern Arik Einsteins. Als er am 26. November in seinem
Haus im Zentrum Tel Avivs, in dem er seit seiner Ge-
burt am 3. Januar 1939 wohnte, zusammenbrach und
in ein Krankenhaus eingeliefert wurde, berichteten die
Radiosender laufend über seinen Zustand und spielten
ununterbrochen seine Songs, die zum »Soundtrack des
Staates« geworden waren, wie Premierminister Benjamin Netanyahu* es formulierte.

Noch am selben Tag starb der Liedermacher, und
eine Nation trauerte. Zehntausende verabschiedeten
sich von ihm während einer Feier auf dem Rabin Platz
und Zehntausende kamen zu seiner Beisetzung auf
dem Trumpeldor Friedhof. Uri Zohar, einst Filmregis-

seur und so säkular wie der Verstorbene, inzwischen jedoch orthodoxer Rabbiner, führte durch die Trauerfeier. Die beiden Männer verband nicht nur eine langjährige Freundschaft, sondern auch unzählige Enkel, da zwei Söhne Zohars mit orthodox gewordenen Töchtern Einsteins verheiratet sind.

Arik Einstein (1939-2013), Schauspieler, Komponist und einer der populärsten Sänger des Landes, dessen Songs Generationen prägten

Unter jenen, die an seinem Grab standen, waren auch Kollegen, mit denen Arik Einstein, der wie viele andere Künstler seine Karriere bei der Nachal Truppe der Armee begonnen hatte, aufgetreten war. Er, Sohn eines Schauspielers, spielte anfangs auch in Filmen mit, gründete später eine Band, nahm Solo-Alben auf, zeigte sich aber in seinen letzten Jahren immer seltener in der Öffentlichkeit. »Seine Lieder werden überdauern«, so Staatspräsident Shimon Peres*, »als Ausdruck von Leben und Hoffnung.«

191

ARIEL SHARON

Bulldozer nannte man ihn seines Durchsetzungswillens wegen. Für seine kompromisslose Hardliner-Haltung, die sich im Alter sehr wandelte, feierten seine Anhänger ihn während er von seinen Gegnern verabscheut wurde. Ariel Sharon polarisierte wie kaum ein anderer Staatsmann.

Ariel Scheinermann, so sein Geburtsname, kam am 26. Februar 1928 im Moshav (genossenschaftlich organisierte Ansiedlung) Kfar Malal zur Welt und wurde schon als 14-Jähriger wie so viele seiner Generation Mitglied der Haganah. Er kämpfte erfolgreich und hochgelobt in den vier Nahost-Kriegen, zuletzt als General. 1973 wechselte er in die Politik und wurde in der konservativen Likud-Regierung unter Menachem Begin* erst Landwirtschafts-, dann Verteidigungsminister. Ein Posten, den er 1983 wieder aufgeben musste, als eine Kommission das Massaker von Sabra und Shatila* untersuchte und sein Nichteingreifen anprangerte. Trotzdem blieb er Mitglied der wechselnden Regierungen, meist auch mit eigenem Ministerium.

Als Befürworter der Siedlungen trieb er deren Ausbau im Westjordanland voran. Gleichzeitig lehnte er Friedensverhandlungen kategorisch ab, Yitzhak Rabin* warf er nach den Oslo-Abkommen* Verrat am jüdischen Volk vor. Sein die Palästinenser provozierender Besuch des Tempelberges im September 2000 galt als Auslöser der Zweiten Intifada* und in seine Amtszeit als Ministerpräsident – im Februar 2001 hatte er die Wahl gewonnen – fiel der Beginn der Bauarbeiten an der Sperranlage*.

Und dann überraschte er seine linken Gegner und brachte die eigenen Parteifreunde gegen sich auf – mit dem später als Sharon-Plan bezeichneten Vorhaben des Gaza-Abzuges* und der damit verbundenen Räumung sämtlicher jüdischer Siedlungen im August 2005.

Am 18. Dezember desselben Jahres musste er mit einem Schlaganfall in ein Krankenhaus eingeliefert werden. Wenige Wochen später erlitt er starke Hirnblutungen und wurde in ein künstliches Koma versetzt, aus dem er nicht mehr erwachte. Acht Jahre danach, am 11. Januar 2014, starb er und wurde auf seiner Farm im Negev beigesetzt.

Ariel Sharon (1928-2014), Ministerpräsident und einer der umstrittensten Politiker in der Geschichte Israels (2001)

2015

4

ORNA PORAT

»Sie war eine Persönlichkeit. Eine, die niemals in Vergessenheit geraten wird«, schrieb Staatspräsident Shimon Peres* in seinem Beileidsbrief an die Familie und sagte damit noch viel zu wenig über die am 6. August verstorbene Orna Porat, die es auf eigenwilligem – und eigensinnigem – Weg zu einer der wichtigsten Israelinnen gebracht hatte.

Geboren wurde sie als Irene Klein am 6. Juni 1924 in Köln – als Tochter eines katholischen Vaters und einer protestantischen Mutter. Mit Begeisterung trat sie in den Bund deutscher Mädel ein, fand dann aber als 14-Jährige die Schauspielerei interessanter und bekam nach zweijähriger Ausbildung ihr erstes Engagement. Als sie 1943 durch einen Augenzeugen von den Gräueltaten der Nationalsozialisten in den Konzentrationslagern erfuhr, entschied sie, nach Kriegsende in diesem Land nicht auftreten zu wollen. Überzeugt von der Idee des Sozialismus plante sie ihre Auswanderung nach Russland.

Im Mai 1945 befragte ein Soldat der britischen Alliierten die deutsche Schauspielerin zu ihrem Ausreiseantrag. Joseph Proter führte das Gespräch auf Englisch, obwohl er wie sie aus Köln stammte, aber noch rechtzeitig nach Palästina emigrieren konnte. Dort schloss er sich der Armee der britischen Mandatsregierung an, um in seiner ehemaligen Heimat gegen die Deutschen zu kämpfen.

Das Verhör wurde für beide zur Begegnung ihres Lebens: 1946 heirateten sie und gingen ein Jahr später nach Palästina. Aus der Christin Irene Klein wurde durch Konversion die Jüdin Orna Porat, die in Tel Aviv am Tag als Putzfrau arbeitete und am Abend das schwierige He-

194

bräisch lernte – besessen von dem Gedanken, auf der Bühne zu reüssieren.

Ab 1949 war sie festes Ensemblemitglied des Cameri Theaters, das neben dem Nationaltheater HaBimah* das wichtigste Haus seiner Zeit war. Sie wurde zur gefeierten Darstellerin, verkörperte die berühmtesten Charaktere der Weltliteratur auf allen großen Bühnen, auch in Europa, drehte internationale Filme und gründete ein Kindertheater in Tel Aviv, das unter ihrer 19-jährigen Ägide zu einer renommierten Institution wurde und lange schon ihren Namen trägt. Für ihre Verdienste zeichnete man sie mit allen Preisen des Landes aus und verlieh ihr mehrfach die Ehrendoktorwürde. Die Öffentlichkeit liebte sie und sie liebte die Öffentlichkeit.

Als jedoch nach 51 gemeinsamen Jahren, in denen sie auch zwei Kinder adoptierten, ihr Mann starb, offenbarte sie die eine Rolle, deren Inszenierung im Verborgenen stattgefunden hatte: die der Ehefrau eines erfolgreichen Agenten des Mossad*. An der Seite von Joseph Proter war sie bei den Vorbereitungen zu den Verhandlungen für den Frieden mit Ägypten* die Idealbesetzung einer Ehefrau – schweigend allerdings, denn ihr unverfälschter kölscher Akzent hätte die israelische Ikone der Schauspielkunst als ehemalige Deutsche verraten.

INHAFTIERUNG EHUD OLMERT

Anhörungen war Ehud Olmert schon gewöhnt, sein erstes Verfahren lief bereits 2007. Im Jahr darauf wurde gegen ihn wegen Bestechlichkeit in seiner Amtszeit als Handels- und Industrieminister ermittelt, 2009 kam es zum Prozess.

2012 wurde der zwölfte Ministerpräsident Israels erstmals wegen Begünstigung zu einem Jahr Gefängnis auf Bewährung verurteilt. Doch dann wurde der Prozess 2015 neu aufgerollt. Die von ihm angenommenen Schmiergeldzahlungen konnten nachgewiesen werden, und das Urteil lautete auf acht Monate Haft.

Im Jahr zuvor war er schon zu sechs Jahren Haft verurteilt worden, die Ende 2015 allerdings auf 19 Monate verkürzt wurden. Ein Gericht hatte ihn für schuldig befunden, auch schon als Bürgermeister von Jerusalem (1993-2003) unerlaubterweise Geld für ein umstrittenes Bauprojekt angenommen zu haben.

Den detaillierten Überblick über die verschiedenen Ermittlungen hatten irgendwann vermutlich nur noch Gerichtsreporter und der Angeklagte selbst, der sämtliche Vorwürfe allerdings stets bestritt. Nachdem diese aber immer heftiger geworden waren, hatte der am 30. September 1945 in Binyamina (bei Haifa) geborene Likud-Politiker, der 2006 Ariel Sharon* nach dessen Schlaganfall als Ministerpräsident gefolgt war, bereits 2008 sämtliche politischen Positionen aufgegeben.

Mitte Februar 2016 musste er dann endgültig seine beiden Strafen antreten, durfte aber schon nach 16 Monaten wieder nach Hause gehen. Ob er im Maasiyahu-Gefängnis in Ramla Kontakt hatte zu seinem alten Parteikollegen Moshe Katsav*, der wegen Vergewaltigung seit 2011 einsaß, ist nicht bekannt.

SHIMON PERES

Ausgerechnet nach Deutschland schickte David Ben Gurion* zwölf Jahre nach der Shoah den Enkel eines von den Nationalsozialisten Ermordeten, um über Waffenlieferungen zu verhandeln. Doch Shimon Peres Gespräche, damals Staatssekretär im Verteidigungsministerium, waren, wie auch die von ihm 1950 in den USA zum gleichen Thema geführten, ein Erfolg und der Beginn seiner jahrzehntelangen politischen Karriere. Erst gute zwei Jahre vor seinem Tod am 28. September 2016 übergab er neunzigjährig das Amt des Staatspräsidenten an seinen Nachfolger Reuven Rivlin.

Als Szymon Perski war er am 2. August 1923 in der damals polnischen Stadt Wieszniew geboren, 1934 mit seiner Familie nach Palästina ausgewandert und natürlich auch Mitglied der Haganah geworden. 1959 wurde er erstmals Abgeordneter der Arbeiterpartei, übernahm dann eine Reihe von Ministerämtern und 1984-86 sowie 1995-96 auch das des Ministerpräsidenten. Als Moshe Katsav* zurücktrat, wurde Peres im Juli 2007 Staatsoberhaupt.

In Erinnerung bleiben wird er, der einst die Armee mitaufbaute und das Nuklearprogramm befürwortete, als engagierter Kämpfer für die Lösung des Nahost-Konfliktes. Nachdem er als Außenminister 1994 mit dem Friedensnobelpreis* ausgezeichnet worden war, gründete er 1997 mit dem Peres Center for Peace eine Institution, die mit nationalen wie internationalen Partnern Projekte für Juden und Araber initiiert.

Am 13. September, auf den Tag genau 23 Jahre nach der Unterzeichnung des Oslo I-Abkommens*, des ersten Friedensversuchs zwischen Israel und Palästina, erlitt

Shimon Peres einen Schlaganfall, von dem er sich nicht mehr erholte. Als er am 30. September auf dem Herzlberg beigesetzt wurde, nahmen unzählige Politiker aus aller Welt an der Trauerfeier teil, auch der Präsident der Palästinensischen Autonomiebehörde Mahmoud Abbas.

Shimon Peres (1923-2016), zweifacher Ministerpräsident sowie Staatspräsident (2016)

WONDER WOMAN GAL GADOT

Eine unglaublich schöne Amazone errettet die Menschheit vor dem Bösen und das Kinopublikum goutiert es: »Wonder Woman« startete Anfang Juni in Amerika und wurde innerhalb kürzester Zeit einer der erfolgreichsten Filme überhaupt. Mehr als 800 Millionen US-Dollar spielte er ein. Außer in einigen arabischen Staaten lief er weltweit und seine Hauptdarstellerin Gal Gadot wurde der neue Star der Filmbranche.

Israel feierte seine Superheldin in dem Sommer mit riesigen Abzügen ihres Konterfeis, die überall plakatiert wurden. Bekannt geworden war sie in ihrer Heimat schon vorher: als Miss Israel im Jahr 2004 und als Gesicht der Werbekampagne der größten einheimischen Modekette Castro. Der internationale Durchbruch gelang ihr dann mit ihrer Rolle in der Filmreihe »The Fast and the Furious«.

Gadot wurde als Enkelin eines Auschwitz-Überlebenden am 30. April 1985 in der Stadt Rosh HaAyin geboren, wanderte jedoch bald nach ihrer zweijährigen Militärzeit nach Los Angeles aus.

MACCABIAH

Als sie am 4. Juli in Jerusalem eröffnet wurde, war die 20. Maccabiade die größte ihrer Geschichte. Unter dem Motto »80 Länder – ein Herz« traten bis zum 18. Juli 10.000 Athleten in 47 Disziplinen an.

Wie die Olympischen Spiele findet die jüdische Maccabiah alle vier Jahre statt, jedes Mal in Israel. Ebenfalls in diesem Turnus, aber um zwei Jahre versetzt, starten die Sportler bei einer kleineren europäischen Version – zuletzt 2015 in Berlin: ein triumphales (Sport-)Fest angesichts der Tatsache, dass Adolf Hitler das dortige Olympia-Stadion konstruieren ließ für die Spiele 1936, von denen jüdische Teilnehmer bereits ausgeschlossen waren.

Nur vier Jahre zuvor, 1932, hatte Bürgermeister Me'ir Dizengoff* in dem damals noch unter britischem Mandat stehenden Palästina die erste Eröffnungsparade einer Maccabiah durch Tel Aviv geführt, wo er ebenfalls eigens für diesen Anlass ein Stadion hatte bauen lassen. 1935 konnte das Ereignis wiederholt werden, danach ließen arabische Unruhen und Shoah weitere Spiele nicht zu. Erst wieder seit 1950 treffen sich jüdische Athleten aus aller Welt in Israel, des sportlichen Wettkampfes wegen, natürlich. Und um ihre Verbindung mit dem Land zu demonstrieren.

BALFOUR-DEKLARATION

Es war nur ein kurzer Brief, ein paar Zeilen, die der britische Außenminister Lord Arthur James Balfour am 2. November 1917 niederschrieb. Für das jüdische Volk jedoch wurde es zu einem Dokument von unschätzbarem Wert: Erstmals wurde ihm darin das Recht auf eine Heimat in Palästina zuerkannt.

Noch war Palästina Teil des Osmanischen Reiches,

doch mit dem für sie siegreichen Ausgang des Ersten Weltkrieges übernahmen die Briten die Vormachtstellung in der Region. Deshalb konzentrierten sich die Bemühungen der Zionisten darauf, deren politische Vertreter von der Notwendigkeit eines eigenen Staates zu überzeugen.

Als Antwort ließ Balfour dem Vorsitzenden der Jüdischen Gemeinden Englands, Lord Lionel Walter Rothschild, folgende Worte zukommen: »[...] Die Regierung Seiner Majestät betrachtet mit Wohlwollen die Errichtung einer nationalen Heimstätte für das jüdische Volk in Palästina und wird ihr Bestes tun, die Erreichung dieses Zieles zu erleichtern, mit der Maßgabe, dass nichts geschehen soll, was die bürgerlichen und religiösen Rechte der bestehenden nichtjüdischen Gemeinschaften in Palästina oder die Rechte und den politischen Status der Juden in anderen Ländern in Frage stellen könnte.«

Anlässlich des hundertjährigen Jubiläums der Balfour-Deklaration, auf deren Grundlage der israelische Staat entstand, feierten die beiden Länder gemeinsam. Benjamin Netanyahu* reiste am 2. November nach London, um sich mit Premierministerin Theresa May und Nachkommen der Balfours und Rothschilds zu treffen.

ISRAEL HEUTE

Ein Jahrhundert nach der Balfour-Deklaration, in der die »nationale Heimstätte für das jüdische Volk in Palästina« noch nicht mehr war als ein Versprechen, leben 8.781.500 Menschen in Israel. Rund 75 Prozent sind Juden, 21 Prozent Muslime, dazu kommen Christen und Drusen.

Seit der Gründung des Staates hat sich seine Bevölkerung mehr als verzehnfacht – auf einer Fläche, die zu mehr als der Hälfte (12.000 Quadratmeter) von der Wüste Negev bedeckt ist. Ganze 15 Kilometer misst das Staatsgebiet an seiner schmalsten Stelle, 135 an seiner breitesten, bei einer Gesamtlänge von 470 Kilometern.

Ein vergleichsweise winziges Land, das seit dem ersten Tag umgeben ist von der Übermacht seiner arabischen Feinde. Allen Friedensverhandlungen zum Trotz liegt eine Lösung des Nahost-Konfliktes in ungewisser Ferne. Nach wie vor fließt der größte Teil des Finanzhaushaltes in die Verteidigung des Landes.

Dass Israel Standards setzt in der Entwicklung neuer (Abwehr-)Technologien ist deshalb eine nahezu logische Konsequenz. Im Bereich Cyber-Sicherheit gilt es als eines der innovativsten Länder, und mit seiner ständig wachsenden Zahl an Start-ups steht es im weltweiten Vergleich auf Platz eins. Das sogenannte Silicon Wadi (in Anlehnung an das amerikanische Silicon Valley) im Großraum Tel Aviv gilt als Hotspot der IT- und Hightech-Branche.

Ein hochmoderner Staat also, der innerhalb weniger Generationen auf kargem Boden und aus malariaverseuchten Sümpfen entstand und heute ein begehrtes Reiseziel ist. Im Jahr 2017 kamen 3,6 Millionen Touristen – so viele wie nie zuvor. 59 Prozent von ihnen besuchten sogar zum ersten Mal das Land, das, obwohl es so stark polarisiert wie kein anderes, die einzige Demokratie im Nahen Osten ist.

Stichworte

A

B

C

D

Die in Klammern angegebenen Jahreszahlen beziehen sich auf das Jahr, in dem das Ereignis in diesem Buch besprochen wird – dies gilt auch für Jubiläen von Ereignissen. So wird z.B. die Balfour-Deklaration im Jahr 2017 abgehandelt, ihrem hundertsten Jahrestag.

Themenkomplexe

GEBÄUDE .... 🏠

KONFLIKTE .... 🚙

KULTUR ....

ORGANISATIONEN ....

STAAT ✡

LITERATUR UND QUELLEN

Amcha: Homepage der Organisation

American-Israeli Cooperative Enterprise, AICE: Jewish Virtual Library

Bar-Zohar, Michael/Mischal, Nissim: Mossad, Köln 2016

Balke, Ralf: Israel. Geschichte, Politik, Kultur, 5. Auflage, München 2013

Bockenheimer, Johannes C.: Chuzpe, Anarchie und koschere Muslime, München 2015

Botschaft des Staates Israel: Newsletter

Breaking the Silence: Homepage der Organisation

Brenner, Michael: Kleine jüdische Geschichte, München 2008

Brenner, Michael: Israel. Traum und Wirklichkeit des jüdischen Staates, München 2016

B'Tselem: Homepage der Organisation

Büscher, Wolfgang: Ein Frühling in Jerusalem, Reinbek 2014

Christlicher Medienverbund KEP e.V.: Israelnetz – Berichte und Hintergründe aus Israel und dem Nahen Osten

Combatants for Peace: Homepage der Organisation

Der Spiegel – Geschichte: Israel. Land der Hoffnung, Land des Leids, 2015

Der Spiegel – Geschichte: Jerusalem. Geburtsstadt des Glaubens, 2009

Deutsch-Israelische Gesellschaft: Boykottbewegungen gegen Israel, 2016

Doron, Lizzie: Sweet Occupation, München 2017

Global BDS Campaign: Homepage der Organisation

Israel Central Bureau of Statistics, CBS

Jewish Agency for Israel: Homepage der Organisation

Jewish Claims Conference: Homepage der Organisation

Keren Kayemeth LeIsrael JNF-KKL: Homepage der Organisation

Livnat, Andrea: 111 Orte in Tel Aviv, die man gesehen haben muss, Köln 2015

Martin, Marko: Tel Aviv: Schatzkästchen und Nussschale, darin die ganze Welt, Wiesbaden 2016

Montefiore, Simon Sebag: Jerusalem. Die Biographie, 5. Auflage, Berlin 2017

Peace Now: Homepage der Organisation

Donna Rosenthal: Die Israelis, München 2007

Sand, Shlomo: Die Erfindung des Landes Israel, Berlin 2012

Sar El: Homepage der Organisation

Shavit, Ari: Mein gelobtes Land, München 2015

Strenger, Carlo: Israel. Einführung in ein schwieriges Land, 5. Auflage, Frankfurt am Main 2015

Tempel, Sylke: Israel. Reise durch ein altes neues Land, 4. Auflage, Reinbek 2017

von Treuenfeld, Andrea: In Deutschland eine Jüdin, eine Jeckete in Israel, Gütersloh 2011

Vieweger, Dieter: Streit um das Heilige Land, 5. Auflage, Gütersloh 2015

Weil, Alisa: Deutschland, Palästina und zurück, Köln 2000

Wolffsohn, Michael: Wem gehört das Heilige Land?, 13. Auflage, München 2015

Women of the Wall: Homepage der Organisation

Zentralrat der Juden in Deutschland (Hg.): Jüdische Allgemeine

S. 16: © Andrea von Treuenfeld – S. 17: © picture alliance / AP Photo – S. 25: © Andrea von Treuenfeld – S. 33: Wikipedia / gemeinfrei – S. 35: © Andrea von Treuenfeld – S. 41: Wikimedia Commons / IDF photo archives – S. 46: © picture alliance / dpa – S. 48: © picture alliance / Imagno / Austrian Archives – S. 49: Wikipedia – S. 50: Wikimedia Commons – S. 52: © picture alliance / Associated Press – S. 54: © Pete Spiro / shutterstock.com – S. 60: © Gütersloher Verlagshaus Verlagsgruppe Random House GmbH – S. 61: Wikipedia / תמר הירדני – S. 68: © picture alliance / ZUMAPRESS. com – S. 70: Wikipedia / Andrew Shiva – S. 75: Wikimedia Commons / Fritz Cohen – S. 78: © Andrea von Treuenfeld – S. 80: © picture alliance / dpa – S. 83: © Andrea von Treuenfeld – S. 85: © picture alliance / Sven Simon – S. 96: © picture alliance / dpa – S. 98: Wikipedia / gemeinfrei – S. 103: Wikimedia Commons / Karl H. Schumacher – S. 107: Wikimedia Commons / Ethan J. Tal – S. 112: © picture alliance / dpa – S. 114: Wikipedia / Berthold Werner – S. 120: © picture alliance / AFP – S. 127: © picture alliance / CPA Media Co. Ltd – S. 130: © Pri-Or PhotoHouse, Ben Peter Weissenstein, Tel Aviv/Israel, www.thephotohouse.co.il – S. 137: © picture alliance / dpa / dpaweb – S. 141: © picture alliance / dpa – S. 144: © Wikipedia / Frank Scherschel – S. 150: Wikimedia Commons / אריקה שפיגל – S. 157: Wikipedia / Andrew Shiva – S. 161: © APAImages/REX/shutterstock.com – S. 162: Wikipedia / pd NASA – S. 164: © ChameleonsEye / shutterstock. com – S. 168: Wikimedia Commons / Remy Steinegger – S. 175: © picture alliance / Sven Simon – S. 177: © Andrea von Treuenfeld – S. 183: Wikimedia Commons / Dr. Avishai Teicher – S. 184: Wikimedia Commons / Dr. Avishai Teicher – S. 186: © picture alliance / abaca – S. 188: © StockStudio / shutterstock.com – S. 191: Wikimedia Commons / Yaakov Saar – S. 193: © picture alliance / dpa – S. 198: © picture alliance / AP / Invision

Für alle Lebensliebhaber bietet das Gütersloher Verlagshaus Durchblick, Sinn und Zuversicht. Wir verbinden die Freude am Leben mit der Vision einer neuen Welt.

UNSERE VISION EINER NEUEN WELT

Die Welt, in der wir leben, verstehen.

Wir sehen Menschlichkeit als Basis des Miteinanders: Mitgefühl, Fürsorge und Beteiligung lassen niemanden verloren gehen. Wir stehen für gelingende Gemeinschaft statt individueller Glücksmaximierung auf Kosten anderer.

....

Wir leben in einer neugierigen Welt: Sie sucht ehrgeizig und mitfühlend Lösungen für die Fragen unseres Lebens und unserer Zukunft. Wir fragen nach neuem Wissen und drücken uns nicht vor unbequemen Wahrheiten – auch wenn sie uns etwas kosten.

....

Wir leben in einer Gesellschaft der offenen Arme: Toleranz und Vielfalt bereichern unser Leben. Wir wissen, wer wir sind und wofür wir stehen. Deshalb haben wir keine Angst vor unterschiedlichen Weltanschauungen.

Das Warum und Wofür unseres Lebens finden.

Erfahren, was uns im Leben trägt und erfreut.

Wir helfen einander, uns selber besser zu verstehen:
Viele Menschen werden sich erst dann in ihrem Leben zuhause fühlen, wenn sie den eigenen Wesenskern entdecken – und Sinn in ihrem Leben finden.

....

Wir ermutigen Menschen, zu ihrer Lebensgeschichte zu stehen:
In den Stürmen des Alltags geben wir Halt und Orientierung. So können sich Menschen mit ihren Grenzen aussöhnen und zuversichtlich ihr Leben gestalten.

....

Wir haben den Mut, Vertrautes hinter uns zu lassen:
Neugierde ist die Triebfeder eines gelingenden Lebens. Wir wagen Neues, um reich an Erfahrung zu werden.

Wir glauben an die Vision des Christentums:
Die Seligpreisungen der Bergpredigt lassen uns nach einer neuen Welt streben, in der Vereinsamte Zuwendung, Vertriebene Zuflucht, Trauernde Trost finden – und Gerechtigkeit, Barmherzigkeit und Frieden herrschen.

....

Wir geben Menschen die Möglichkeit, den Glauben (neu) zu entdecken:
Persönliche Spiritualität gibt Kraft, spendet Trost und fördert die Achtung vor der Schöpfung sowie die Freude am Leben.

....

Wir stehen mit Respekt vor der Glaubenserfahrung anderer:
Wissen fördert Dialog und Verständnis, schützt vor Fundamentalismus und Hass. Wir wollen die Schätze anderer Religionen kennenlernen, verstehen und respektieren.

GÜTERSDIE
LOHERVISION
VERLAGSEINER
HAUSNEUENWELT

Bibliografische Information der Deutschen Nationalbibliothek
Die Deutsche Nationalbibliothek verzeichnet diese Publikation
in der Deutschen Nationalbibliografie; detaillierte bibliografische
Daten sind im Internet über https://portal.dnb.de abrufbar.

klimaneutral
powered by ClimatePartner°
Druck | ID 12559-1708-1001

MIX
Papier aus verantwor-
tungsvollen Quellen
FSC® C083411

Verlagsgruppe Random House FSC® N001967

Entdecken Sie mehr auf www.gtvh.de

1. Auflage
Copyright © 2018 Gütersloher Verlagshaus, Gütersloh,
in der Verlagsgruppe Random House GmbH,
Neumarkter Str. 28, 81673 München

Sollte diese Publikation Links auf Webseiten Dritter enthalten,
so übernehmen wir für deren Inhalte keine Haftung, da wir uns
diese nicht zu eigen machen, sondern lediglich auf deren Stand
zum Zeitpunkt der Erstveröffentlichung verweisen.

Umschlaggestaltung: Gute Botschafter GmbH, Haltern am See
Druck und Bindung: CPI books GmbH, Leck
Printed in Germany
ISBN 978-3-579-08711-5

www.gtvh.de

ANDREA VON TREUENFELD

....

»Es sind die kleinen Facetten des Furchtbaren, die so erschüttern.«

Andrea von Treuenfeld
Erben des Holocaust
Leben zwischen Schweigen
und Erinnerung
....
224 S. / mit 38 sw-Abb.
geb. mit Schutzumschlag
ISBN 978-3-579-08670-5
....
Auch als E-Book erhältlich
....
Erfahren Sie mehr zu
diesem Buch unter
www.gtvh.de

**Welche Erfahrungen machten die Kinder
jener Menschen, die den Holocaust überlebten?**
Andrea von Treuenfeld hat prominente Männer
und Frauen befragt. Ilja Richter, Marcel Reif,
Andreas Nachama, Nina Ruge, Rachel Salamander
und andere berichten von der Herausforderung,
mit dem Ungeheuerlichen leben zu müssen.
Ein wichtiges und berührendes Buch!

GÜTERSDIE
LOHERVISION
VERLAGSEINER
HAUSNEUENWELT

CHRISTIAN BERKEL

....

»Ich kann mir nach der Lektüre
dieser Lebensgeschichten nichts
Großzügigeres vorstellen als die
Bereitschaft zum Erzählen.«

Andrea von Treuenfeld
**Zurück in das Land, das
uns töten wollte**
Jüdische Remigrantinnen
erzählen ihr Leben
. . . .
272 S. / mit zahlr. sw-Abb.
geb. mit Schutzumschlag
ISBN 978-3-579-07087-2
. . . .
Auch als E-Book erhältlich
. . . .
Erfahren Sie mehr zu
diesem Buch unter
www.gtvh.de

Leben im Land der Täter: Andrea von Treuenfeld lässt
in diesem Buch 16 jüdische Frauen, die aus Deutschland
flohen und wieder zurückkehrten, ihre persönliche
Geschichte erzählen. Wie fühlt es sich an, nach Auschwitz
Jüdin in Deutschland zu sein? Wie war es möglich, gerade
in dem Land wieder Heimat zu suchen, in dem sie verfolgt
wurden und umgebracht werden sollten?

GÜTERSDIE
LOHERVISION
VERLAGSEINER
HAUSNEUENWELT